Verlag der
VLM
Liebenzeller Mission

»Eine der mächtigsten religiösen Vorstellungen der zweiten Hälfte des 20. Jahrhunderts ist das Große Unbewußte... In dieser Religion des Unbewußten wird unser bewußter Verstand zu einem Ding zweiter Klasse ... zu einer bloßen Marionette des unbekannten wahren Ichs«

Martin L. Gross in »Die psychologische Gesellschaft« (1984)

Paul Brendle

»Positives Denken«

Heil und Heilung aus dem Unbewußten?
Wenn Erziehung machbar wird!

VLM

Verlag der
Liebenzeller Mission
Bad Liebenzell

ISBN 3-88002-427-8

Liebenzeller Studienhefte Band 3

Umschlag: Grafisches Atelier Arnold, Dettingen/Erms
Satz: Knipp EDV-Satz, Wetter
Herstellung: Druckhaus Gummersbach, Gumnmersbach-Derschlag
Printed in Germany

Inhalt

Einleitung

Im Jahre 1977 hatte Werner Erhard, bekannt geworden durch das sogenannte Erhard Seminar Training (EST)[1], eine Organisation und ein Projekt gegen den Hunger in der Welt ins Leben gerufen. Dabei war das Neue an diesem Unternehmen, daß es als erstes karitatives Unternehmen des »Neuen Bewußtseins« auf der Basis des »Positiven Denkens« entwickelt worden war.

Erhard hatte einen Plan entworfen, demzufolge – wie seine Kritiker bemerken – »wohlgenährte Zeitgenossen gemütlich zu Hause sitzen und durch ›Positives Denken‹ die Hungerprobleme dieser Welt lösen können«.

Werner Erhard wollte mit seinem Hunger-Projekt nicht weniger als beweisen, daß alles, was die Wirklichkeit ausmacht, nur im Geiste und durch die Kraft, die das Bewußtsein und das Universum durchdringt, geschieht: Hungersnöte, Kriege, Verbrechen, Krankheit und selbst der Tod, aber auch Glück, Wohlstand und Friede.

Erhards Hunger-Projekt beruht auf der EST-Philosophie, die besagt, daß wir Menschen *dem Potential nach Götter* seien. Als solche hätten wir die Fähigkeit, unser eigenes Universum zu schaffen bis dahin, die Erde wieder in ein Paradies zu verwandeln. Der Mensch sei deshalb für alles, was ihm widerfahre und für alle Umstände und Verhältnisse in seinem persönlichen Leben und auch in der Welt selbst verantwortlich.

Die Anhänger der Weltanschauung des »Neuen Bewußtseins« sind der festen Überzeugung, daß der Mensch aufgrund seiner geistigen Kräfte und der Kenntnis der geistigen Gesetze des Lebens in der Lage ist, Wirklichkeit aus sich selbst heraus zu schaffen. Das Selbst des Menschen sei also der eigentliche Schöpfer des Universums, der alleinige Gott. Nichts soll seiner Zauberkraft und seinem Wollen unmöglich sein, so die EST-Philosophie.

Wenn aber letztlich alles nur im Geist geschieht, dann müssen

---

[1] EST-Training ist eine Methode zur Persönlichkeitsentwicklung, durch die eine bestehende Persönlichkeit aufgeweicht oder zerstört werden kann. EST ist eine Therapieform, durch die der Teilnehmer am Training für eine neue Bewußtseinsdimension geöffnet wird mit dem Ziel, die bisherige Ebene der Lebenserfahrung zu transformieren (vgl. Handbuch Esoterik, Heyne Verlag).

sich die Probleme in der Welt durch »Positives Denken«, d.h. durch die konsequente Anwendung der Gesetze des Geistes lösen lassen.

Aufschlußreich ist auch, was wir in Lothar Gassmanns Buch »New Age« über die Bewegung des Neuen Denkens lesen. Er zitiert dort aus der Einladung zum ersten europäischen Kongreß dieser Vereinigung wie folgt:

»Dieser erste europäische Kongreß des ›Neuen Denkens‹ hat sich zur Aufgabe gemacht, alle die Menschen zu vereinigen, die die geistigen Werte der östlichen Religionen mit christlichem Denken und tatsächlicher Lebenspraxis vereinigen möchten. Die Bewegung des ›Neuen Denkens‹ betont ganz gezielt die Selbstverantwortung und Eigengesetzlichkeit, die Selbstbestimmung und Selbstverwirklichung des menschlichen Individuums im Einklang mit der Schöpfung, ihrem Schöpfer, also Gott und der Bibel sowie anderer heiliger Schriften. Das Entscheidende der Lehre des ›Neuen Denkens‹ ist jedoch, daß nicht die ›Sündhaftigkeit‹ des Menschen, sondern seine ›Gotteskindschaft‹ hervorgehoben wird, wobei alle Menschen als Kinder Gottes betrachtet werden, ohne Ausnahme von Religionszugehörigkeit, politischer Ansicht oder Rasse.«[1]

Wenn nun in den folgenden Ausführungen vom »Positiven Denken« als Weltanschauung und modernem Lebensgefühl die Rede ist, so soll damit aufgezeigt werden, daß diese religiös-psychologische Lehre, die über die positive Selbsteinschätzung, das positive Selbstwertgefühl zu einem positiven Selbstbild führen möchte, eben nicht in Einklang steht mit der Schöpfungs- und Erhaltungsordnung Gottes, mit der Rechtfertigung des Sünders durch Jesus Christus und seiner Heiligung sowie dem Inhalt und Sinn der biblischen Schriften. »Positives Denken« bedeutet daher eine Herausforderung an das biblisch-christliche Denken und an die vom biblischen Glauben her bestimmte christliche Existenz.

---

[1] Lothar Gaßmann, New Age, S. 74, zit. aus: Der Naturarzt Nr. 8/83.

I. Auf der Suche nach einer neuen, positiven Weltsicht

Immer häufiger begegnet uns die Rede vom »Neuen Denken« und vom »Neuen Bewußtsein«. »Ich denke positiv«, »ich bekenne positiv!« Mit dieser Redeweise signalisiert der Zeitgenosse sein neues Bewußtsein.

Er will uns damit sagen, daß es allein am einzelnen Menschen liegt, wenn er mit seinen Sorgen, Schwierigkeiten und Ängsten nicht fertig werden kann, wenn er nicht die nötige Kraft aufbringt, um sie zu überwinden. Man beginnt zu erkennen, daß der einzelne Mensch die einzige Größenordnung in großen Systemen (z.B. der Gesellschaft) ist, die sich ändern kann.

Wenn Norman V. Peale in seinem Buch »Die Kraft des positiven Denkens« schreibt:

»Es gibt keine Hindernisse und Probleme, die unser Lebensglück beeinträchtigen und zerstören dürfen… Wer Verhältnisse ändern will, muß zuerst sein Denken ändern«, dann bringt er eine uralte Erkenntnis wieder neu zum Ausdruck, die vor ihm bereits andere geäußert hatten.

Schon Marc Aurel, einer der großen antiken Denker, sagte:

»Das Leben eines Mannes ist das, was seine Gedanken daraus machen.«

Und von Gautama Buddha wird heute gerne in der esoterischen Literatur der Ausspruch zitiert:

»Wir sind, was wir denken. Alles, was wir sind, entsteht in unseren Gedanken. Mit unseren Gedanken machen wir die Welt.«

William James, einer der bedeutendsten Psychologen im vergangenen Jahrhundert, stellte fest:

»Die größte Entdeckung unserer Generation besteht darin, sein Leben zu ändern, indem man seine Gedanken ändert… Ich habe keinerlei Zweifel daran, daß die meisten Menschen in körperlicher, intellektueller und moralischer Hinsicht nur einen sehr beschränkten Bereich ihres potentiellen Seins tatsächlich ausfüllen. Sie nutzen nur einen verschwindend kleinen Teil ihres möglichen Bewußtseins – etwa wie ein Mensch, der sich angewöhnt hat, von seinem gesamten körperlichen Organismus nur den kleinen Finger zu benutzen. Wir alle verfügen jedoch über Reservoire des Lebens, von denen wir nicht einmal träumen.«[1]

Schließlich prophezeite E. Holmes, Gründer der Kirche der religiösen Wissenschaft, im Jahre 1958:

»Wir haben eine Bewegung ins Leben gerufen, die sich im Laufe der nächsten hundert Jahre als der größte neue religiöse Impuls der Neuzeit erweisen wird.«[2]

Immer mehr Menschen, auch Christen, sind vom »Neuen Denken« und vom »Neuen Bewußtsein« fasziniert.

»Sie fühlen sich von dieser neuen Lehre angesprochen und sehen hier eine Möglichkeit der Hilfe, die sie schon lange ersehnt und erwartet haben.«[3]

So entstehen zur Zeit in der Bundesrepublik Deutschland Gruppen und Kreise, die im Sinne des Neuen Denkens wirken wollen, nicht zuletzt, um durch ihr Wirken den *Frieden* in der Welt voranzubringen und das *Überleben der Menschheit* abzusichern. Gerade durch eine geistige Arbeit an der eigenen Person, durch Kennenlernen der Gesetze des Geistes, soll das bisherige falsche Denken, das für das Übel in der Welt verantwortlich gemacht wird, überwunden werden. Im Jahre 1985 wurde in Bremen die »Vereinigung positiv denkender Menschen« und ein »POSITIV-ZENTRUM« gegründet, dessen Leiter Manfred Czierwitzki ist.

Was wir heute dringlicher denn je bräuchten – so die Vordenker und Propheten dieser neuen religiös-psychologischen Lehre – sei die Auseinandersetzung mit der geistigen Energie des Menschen, insbesondere mit jenen neun Zehnteln der ungenutzten Energie des Unterbewußtseins und mit der magischen Kraft der Gedanken.

In ihrem Buch »Denk positiv!« gibt Patricia Mischell, Schülerin von Joseph Murphy, konkrete Anleitung, wie man zu einer positiven Weltsicht durch Denken und Glauben kommt. Sie zeigt, wie man in sich selbst diese Kraft entdecken kann, um ein bislang ungeahntes *Potential der Lebensentfaltung* zu erschließen. Frau Mischell beschreibt geeignete Psychotechniken zur geistigen

---

1 W. James zit. bei Walsh und Vaughan, Psychologie der Wende. München 1985.

2 Zit. bei Dave Hunt und T.A. McMahon, Die Verführung der Christenheit, Bielefeld 1985, S. 23.

3 Christel Küborth in: Sexualethik und Seelsorge, 1986. Heilung aus der Kraft des Unterbewußtseins. Die Verfasserin setzt sich mit der Lehre des »Positiven Denkens« von Erhard F. Freitag auseinander und stellt die Frage, ob wir es hier mit einer christlichen Therapie zu tun hätten.

Kraftentfaltung, die zur Erfüllung unserer geheimen Wünsche nach Glück, Erfolg, Harmonie und Liebe führen sollen.

Das erwähnte Buch von Frau Mischell trägt den Untertitel: »Wege zur körperlichen und spirituellen Harmonie«. Die Autorin legt darin dar, wie man sozusagen als Steuermann sein Leben selbst in die Hand nimmt, wie man Vertrauen in die eigenen Entscheidungen findet, wie man sich – um nicht Opfer der Umstände zu werden – Ziele setzt, aber auch wie man zu andern Menschen bessere Beziehungen aufbaut.

Sie zeigt auf, was man tun muß, um seine Spannkraft zu erhalten, und wie man neue Lebenschancen entdeckt. Und sie schreibt im Vorwort ihres Buches:

»Wenn Sie nach innerem Frieden suchen, vermittelt Ihnen dieses Buch eine unkomplizierte Anleitung zu dauerhafter Ruhe und Harmonie. Benötigt sowohl Ihr Körper als auch Ihr Gemüt Heilung, dann lernen Sie aus meiner persönlichen Erfahrung, wie Sie sich durch die Kräfte Ihres Geistes und Ihres Höheren Selbst selber heilen... Wenn Sie die Hoffnungslosigkeit, den Streß und die Belastungen Ihres Lebens unerträglich finden, tauschen Sie Hoffnungslosigkeit gegen Hoffnung ein, indem Sie die Verantwortung für Ihre Vorstellungen und Gedanken tragen. Erkennen Sie, daß es Ihnen als einem Kind des Höchsten Geistes bestimmt ist, Anspruch auf Ihr Erbe zu erheben – auf Freude, Liebe, Glück und Erfolg. Armut und Entbehrung sind Ihnen nicht bestimmt.«[1]

Unschwer ist zu erkennen, daß die religiös-psychologische Lehre des »Positiven Denkens« in dem Gesamtrahmen der Weltanschauung des »Neuen Bewußtseins« zu sehen ist. Diese Weltanschauung zielt mit ihrer Vorstellung von der »Transformation« auf eine *radikale Umwandlung des Menschen.* Sie prophezeit auch nicht weniger als »das Hervorkommen einer neuen menschlichen Natur«.

Wir sollten endlich lernen, so ihre Vordenker, fünf Minuten vor zwölf, ehe es zu spät sein könnte und die Menschheit durch Selbstzerstörung zugrunde geht, »das weite Spektrum unseres Bewußtseins« auszunutzen.

Diese radikale Veränderung des Menschen durch Umdenken »soll die Grundlage dafür schaffen, daß die Menschheit... ihre ›geistigen‹ und ›spirituellen‹ Kräfte so zu nutzen vermag, daß sie in Übereinstimmung mit sich selbst und der Natur leben und da-

---

[1] Patricia L. Mischell, Denk positiv!, München 1986, S. 7.

durch zu einer neuen vollkommenen Stufe des Seins gelangen kann«.[1]

[1] Reinhard König, Geheime Gehirnwäsche, Neuhausen-Stuttgart 1987.

II. Verwandelte menschliche Natur, neue Welt

Bereits 1976 hatte James W. Sire in seinem erstmals in den USA erschienenen Buch mit dem Titel »Die Welt aus der Sicht des andern« darauf hingewiesen:

»Wir erfahren gegenwärtig die Geburtswehen einer neuen Weltanschauung... Sie enthält viele rauhe Kanten und innere Spannungen, auch unhaltbare Widersprüche, aber sie nimmt Gestalt an... Das Neue Bewußtsein ist eine Weltanschauung von immenser kultureller Wirkung und Durchschlagskraft. In den nächsten Jahren werden wir das Vorrecht und die Verantwortung haben zu beobachten, wie sie Gestalt annimmt und um die Mitgliedschaft von Frauen und Männern wetteifert, und – wegen des großen Interesses an Erziehung – um die Anhängerschaft unserer Kinder.«[1]

Die neue Weltanschauung, die *mehr geistige Freiheit* und *mehr Selbstbestimmung* verspricht, ist ihrem Wesen nach mystisch-okkult. Sie trägt euphorische Züge und ist zweifellos hoffnungserweckend für eine Menschheit, über der eine bedrückende Krisenstimmung liegt.

Immerhin sind zahlreiche New-Age-Vordenker unerschütterlich davon überzeugt, daß es bei gutem Willen gelingen wird, »ein Übermaß an Menschlichkeit von einer solchen Tiefe und solchem Reichtum« zu entwickeln, »wie die Welt es noch nie erkannt hat, so daß unsere Ur-Ur-Enkel dann auf uns zurückschauen könnten wie auf Neandertaler« (Jan Houstun). Nur müßten wir es noch rechtzeitig lernen, das weithin verschüttete breite Spektrum unseres Bewußtseins richtig und besser auszunützen.

Einflußreiche Vordenker des »Neuen Bewußtseins« fordern deshalb ein »psychonautisches Programm« zur »Transformation (Verwandlung) des Bewußtseins«. Damit soll der eigentlich humane Mensch, den es bis zum gegenwärtigen Zeitpunkt noch nicht gibt, der aber das Ziel einer psycho-sozialen Evolution ist, auf die Erde gebracht werden. Auch prophezeien diese Propheten »das

---

[1] James W. Sire, Die Welt aus der Sicht der andern, Neuhausen-Stuttgart 1980, S. 113.

Hervorkommen einer neuen menschlichen Natur« (George Leonard).

In der neuen Welt, die herbeizuführen unsere Generation berufen sei, soll es dann nur noch solche Menschen geben, die gut angepaßt und vollkommen glücklich leben werden. Die gegenwärtige Krise der Menschheit, wie sie durch Krankheit, Hunger, Krieg und andere Nöte hervorgerufen wird, soll durch Veränderung des Bewußtseins für immer der Vergangenheit angehören.

Diese Weltanschauung zielt also auf eine radikale Umwandlung des Menschen durch Transformation seines Bewußtseins. Marilyn Ferguson, eine maßgebliche Vordenkerin in der Bewegung des »Neuen Bewußtseins«, ist davon überzeugt, daß nicht allein der einzelne, sondern unsere Gesellschaft mit all ihren Institutionen reif geworden ist zu einer grundlegenden Erneuerung. In ihrem Buch »Die sanfte Verschwörung« (1980) schreibt sie:

»Weitreichender als Reformen, tiefgehender als eine Revolution hat diese beginnende Verschwörung im Hinblick auf eine neue Epoche der Menschheit die schnellste kulturelle Neuorientierung der Geschichte ausgelöst. Bei dem großen, erdbebenartigen, unwiderruflichen Umschwung, der auf uns zukommt, handelt es sich weder um ein neues politisches noch um ein religiöses oder philosophisches System. Es handelt sich um einen neuen Geist – eine neue Sicht der Welt nimmt ihren Anfang, die bahnbrechende Erkenntnisse der Wissenschaft und Einsichten ältesten menschlichen Gedankenguts umfaßt.«[1]

Nicht wenige Anhänger der Weltanschauung des »Neuen Bewußtseins« haben die Gewißheit, sich »im Namen und in der Kraft einer höheren Macht« (Günther Schiwy: Der Geist des Neuen Zeitalters) engagieren zu müssen. Sie bringen es zum Ausdruck, daß es sehr auf »eine Mobilisierung der positiven Kräfte« jedes einzelnen ankommt. Einige unter ihnen stellen sogar, wenn auch keine Übereinstimmung, so doch die Nähe zum christlichen Glauben heraus. Ja, sie sind sogar der Meinung, daß sich im Geist des Neuen Bewußtseins der Geist Gottes ausdrückt. Von dieser Annahme leiten sie dann die Verpflichtung für Christen ab, sich aktiv an der weltweiten »sanften Verschwörung« zu beteiligen.

Es kann jedoch nicht übersehen werden, daß innerhalb der Weltanschauung des Neuen Bewußtseins für den biblischen Gottes-

---

[1] Marilyn Ferguson, Die sanfte Verschwörung, S. 25 f., zitiert bei Günter Schiwy in: Der Geist des Neuen Zeitalters, München 1987.

glauben kaum noch Raum vorhanden ist. Nach M. Ferguson hat die christliche Religion nur dann noch eine Chance, wenn sie den Übergang von einer »dogmatischen Überzeugungshaltung« zu einer »spirituellen Erfahrungshaltung« (D. Stoodt)[1] vollzieht. Der Verzicht aber auf jegliche Art von Fremdbestimmung zugunsten der Selbstverwirklichung des einzelnen würde für die christliche Religion die Selbstpreisgabe des biblischen Glaubens bedeuten.

[1] Dieter Stoodt in Jahrbuch der Religionspädagogik Band 1, S. 194.

III. Die Weltanschauung des »Neuen Bewußtseins«

Eine Weltanschauung gibt Aufschluß darüber, wie das Dasein des Menschen verstanden werden soll. Sie versucht auch Antwort zu geben auf die Frage nach den Möglichkeiten, wie das Leben bewältigt werden kann. Was Menschen letztlich bewegt, was sie für sich hoffen können, was ihrem Leben Gewißheit und Geborgenheit verleiht, steht im Mittelpunkt der Überlegungen.

Nicht zuletzt muß sich eine Weltanschauung daran messen lassen, ob sie das auch hält, was sie vorgibt: ob der Mensch in ihr eine begründete Hoffnung finden kann.

1. Das Selbst ist die eigentliche Wirklichkeit

Zentraler Begriff der Weltanschauung des »Neuen Bewußtseins« ist das »Selbst«. Auf die Frage, was es eigentlich sei, lassen sich die meisten Vordenker gar nicht ein. Es sei schwer, das »Selbst« in angemessener Weise zu beschreiben. Was es auch immer sein mag – »höheres Ich«, »potentielle Weltseele«, »innerster Kern«, »psychomagnetisches Feld« usw. – läßt sich nicht so genau bestimmen. Dennoch sei es nicht falsch, wenn es als »Zentrum der Echtheit, des inneren Guten und Ganzen, des Wesens«[1] aufgefaßt werde.

Einigkeit unter den Vertretern des »Neuen Bewußtseins« besteht darüber, daß mit dem »Selbst« das Zentrum des Bewußtseins gemeint ist. Doch ist es nicht allein Mittelpunkt des Bewußtseins, sondern darüber hinaus auch Ursprung alles Seienden. Das bedeutet Entscheidendes: Das »Selbst« ist Schöpfer, es *erschafft sich seine jeweilige Wirklichkeit* selbst, und zwar kraft der Möglichkeit zur Einbildung und des Glaubens.

John Lilly sagt in diesem Zusammenhang sehr aufschlußreich:

»Wir (er und andere persönliche Selbst) erschaffen Energie, Materie und Leben an den Berührungspunkten zwischen Leere

---

[1] Diana Whitemore, Kreativitätsspiele mit Kindern, München 1986, S. 212.

und aller bekannten Schöpfung. Wir blicken in das bekannte Universum, erschaffen es, erfüllen es... Ich fühle, wie mich die Macht des Weltraums durchströmt... Ich bin der Schöpfungsprozeß selbst, unglaublich stark, unglaublich machtvoll.«[1]

Daß *alles, was wir uns vorstellen können,* wirklich existiert, ist eine Grundannahme der Weltanschauung des »Neuen Bewußtseins«. So wird für manche Vordenker die Imaginationskraft geradezu identisch mit dem, was für sie die Wirklichkeit bedeutet. Auch sind sie davon überzeugt, daß das geistige Potential des Menschen, das ihm zu seiner seelischen Entwicklung zur Verfügung steht, bislang stark unterschätzt worden ist. William James, ein amerikanischer Psychologe, hat wiederholt darauf hingewiesen, daß die meisten Menschen ihr potentielles Sein in körperlicher, intellektueller und moralischer Hinsicht kaum ausschöpften.

Diana Whitemore schließlich sieht im »Selbst« eine *»führende und lenkende Kraft«.* Sie schreibt:

»Gestützt auf den Grundsatz, daß der einzelne alles in sich hat, was er braucht, um zu wachsen und sich zu entwickeln, einschließlich der Antworten auf seine persönlichen Fragen, könnten wir sagen, daß jeder eine Quelle innerer Weisheit besitzt. Diese Quelle birgt Wahrheit, die verborgen liegt und oft vergessen ist... Das Selbst zeigt uns ständig den Weg, wir müßten nur aufpassen. Es weiß gründlich, wer wir sind, und hat vielleicht sogar einen Plan oder Weg, der ideal für uns wäre...«[2]

Das »Selbst« in der Weltanschauung des »Neuen Bewußtseins« ist – im Gegensatz zur christlichen Sichtweise – radikal subjektivistisch. Es kann daher von außen her nicht ernsthaft kritisiert und in Frage gestellt werden. Auch läßt sich nicht nachprüfen, ob jene Realität, die sich die Vorstellungskraft »schafft«, letztlich nicht doch eine Selbst-Täuschung darstellt.

2. Die Wahrnehmung der sichtbaren und unsichtbaren Wirklichkeit

Ken Wilber sagt in seinem Buch »Wege zum Selbst«:

»Das letzte metaphysische Geheimnis ist, wenn wir es so einfach ausdrücken dürfen, daß es im Universum keine Grenzen gibt.

---

[1] zit. bei W. Sire, S. 121.

[2] Whitemore, S. 214.

Grenzen sind Illusionen, nicht Produkte der Realität, sondern die Art und Weise, wie wir die Realität kartographieren und redigieren. Es ist zwar in Ordnung, das Territorium zu kartographieren, aber es ist verhängnisvoll, Landkarte und Land zu verwechseln. Es ist nicht nur so, daß zwischen den Gegensätzen keine Grenzen sind. In einem viel weiteren Sinn gibt es keine trennenden Grenzen zwischen Dingen oder Ereignissen irgendwo im Kosmos. Und nirgends wird die Realität der Nicht-Grenzen deutlicher gesehen als in der Physik.«[1]

Obwohl der Kosmos nach der Lehre des »Neuen Bewußtseins« eine Einheit ist (Monismus), lassen sich dennoch zwei verschiedene Dimensionen unterscheiden: das sichtbare und das unsichtbare Universum. Wohlgemerkt: Nur unterscheiden, aber letztlich nicht scheiden.

Das sichtbare Universum ist dem Menschen durch das gewöhnliche (eingeschränkte) Bewußtsein zugänglich. Das Selbst, sein Bewußtseinszentrum, ist von dieser sichtbaren Wirklichkeit umgeben. Diese Dimension kann durch die fünf Sinne erkannt werden. Hier gelten die sogenannten Naturgesetze, die erforscht und angewandt werden können. Aber dieses System der sichtbaren Welt, das durch physikalische Gesetze geordnet ist, ist offen für das unsichtbare Universum. Die Vermittlung der beiden Dimensionen, d.h. die Überwindung der trennenden Grenzen, geschieht durch das Selbst, das an der sichtbaren und an der unsichtbaren Wirklichkeit Anteil hat.

Nach der Lehre des »Neuen Bewußtseins« ist das unsichtbare Universum dem Selbst zugänglich. Und dies durch veränderte Bewußtseinszustände. Das unsichtbare Universum ist jedoch den Gesetzen des sichtbaren Universums nicht unterworfen, denn es ist weder an Zeit noch Raum gebunden und kennt keine Grenzen. Trotzdem hat auch das unsichtbare Universum seine eigene Ordnung, die der Mensch kennen lernen muß, wenn er Zugang zur Wahrnehmung dieser Wirklichkeit finden möchte.

Der Zugang zur umfangreicheren Wirklichkeit ist möglich mit Hilfe vom eigenen Selbst. Durch psychotechnische Mittel können die Tore zu übersinnlichen Wahrnehmungen aufgeschlossen werden, z.B. durch Drogen, Meditation, Hypnose, Selbsthypnose u.a. Dies aber ist nur zu erreichen unter der Bedingung, daß sich der

---

[1] Ken Wilber, Wege zum Selbst, München 1984, S. 49.

Beteiligte dazu bereit findet, Empfindungen und subjektiven Erfahrungen den Vorrang vor der Vernunft zu gewähren.

3. Die Hinwendung zum Irrationalen

Spätestens seit diesem Jahrhundert erweist sich der Glaube an die Vernünftigkeit des Menschen und an den Fortschritt als Illusion. Die inhumanen Geschehnisse haben den Glauben daran erschüttert, daß der Mensch mit Hilfe seines Verstandes den Sinn des Lebens begreifen könne.

Der wohl schärfste Angriff auf den Rationalismus kommt heute von Seiten des östlichen Mystizismus. Durch diesen wird der Verstand nicht bloß als zur Wahrheitsfindung nutzlos abqualifiziert, sondern geradezu als hinderlich bezeichnet. So sagt der Zen-Lehrer Suzuki:

»Zen ist zu dem unwiderruflichen Schluß gekommen, daß der normale logische Denkvorgang nicht in der Lage ist, unsere tiefsten geistlichen Bedürfnisse ganz zufriedenzustellen.«[1]

Der Mystizismus nennt zwei Gründe, weshalb der Verstand als Mittel der Wahrheitsfindung seine Rolle ausgespielt hat. Die Ratio stehe zu sehr in Abhängigkeit von der Sprache und von den Denkkategorien, die durch die Sprache vorgegeben seien. Durch den Verstand werde die Wirklichkeit verzerrt und es komme zu einem falschen Wirklichkeitsbild. Das eigentliche Erleben und die ganze Fülle des Lebens bleibe verborgen. Schließlich neige der vom Verstand geleitete Mensch allzu sehr dazu, Worte an Stelle von Erfahrungen zu setzen. Dadurch werde ein authentisches Leben letztlich verfehlt.

Wie die östliche Mystik, so verwirft auch die Weltanschauung des »Neuen Bewußtseins« den Verstand als Führer zur Wirklichkeit. Aus ihrer Sicht ist die Welt irrational oder überrational. Es sei deshalb erforderlich, neue Zugänge zur Erkenntnis zu finden, und zwar über das Gefühl, die Intuition und die Erfahrung.

Doch was hat nun der Mystizismus dem Verstand entgegenzusetzen? Da sagt man, daß ein neues Wahrnehmungsvermögen nötig sei, damit die Wirklichkeit ganzheitlich erfaßt werden könne. Was damit gemeint ist, bleibt verschwommen, auch wenn vom »psychischen Ich«, vom »Unbewußten« oder vom »dritten Auge«

---

[1] Pat Means, Im Irrgarten östlicher Mystik, Neuhausen-Stuttgart 1979, S. 37.

die Rede ist. Immer aber bezeichnet es einen Weg subjektiver Wahrheitsfindung, bei dem *Gefühl und Intuition* an die Stelle der Vernunft treten.

Über die Schritte, die zu tun sind, um zu einer vertieften Erkenntnis seiner selbst und der Welt zu gelangen, schreibt P. Means in seinem Buch »Im Irrgarten östlicher Mystik«:

»Der erste Schritt der spirituellen Entwicklung besteht darin, daß man übt, alle Botschaften des Verstandes zu überhören. Danach muß man sein zweites ›Wahrnehmungsvermögen‹ auf das ›kosmische Bewußtsein‹ oder den unpersönlichen ›Gott des Mystizismus‹ ausrichten. Ist das geschehen, dann kann das ›psychische Ich‹ den Verstand umgehen und so ›direkt‹ die Wirklichkeit erkennen.«[1]

Den Beweis für die so erkannte Wahrheit liefert die Erfahrung. Als Kriterium für die Echtheit der geistigen Erfahrung gilt, ob sich die gewünschten Wirkungen einstellen.

Mit der Hinwendung zum Irrationalen vollzieht sich eine offene oder versteckte Auflehnung gegen den persönlichen, unendlichen Gott. Das Streben nach irrationalen Erfahrungen bedeutet nicht bloß das Opfer des Verstandes. Es steht auch im Widerspruch zu einer Auffassung von Gott, wie sie in der Bibel geoffenbart wird.

4. Auf der Suche nach einer neuen Spiritualität

Die neue Mystik (Mystizismus) sprengt den bisherigen Rahmen persönlich-religiöser Erfahrungen, wie sie innerhalb der christlichen Religion gemacht wurden. Sie geht über die bekannten klassischen Formen alter christlicher Mystik hinaus; sie sucht nach einer Basis für ein gesamtmenschliches Bewußtsein.

Das Neue an dieser Art von Mystik ist ihre prinzipielle *Offenheit für Spiritualitäten jeglicher Art*, ein spiritueller Synkretismus. Dadurch findet sie zwar Zugang zu den spirituellen Reichtümern der Menschheitsgeschichte (Religionen), verliert jedoch die Fähigkeit zur kritischen Sichtung derselben.

Zweifellos trägt der moderne Mystizismus pantheistische Züge. Man glaubt nämlich, daß uns in Gott, Mensch und Natur dasselbe göttliche Wesen begegnet. Der Mystizist unserer Tage ist über-

---

[1] Means, S. 39.

zeugt, »daß die Natur nicht nur göttlichen Ursprungs, sondern selbst göttlich ist, und daß der Mensch als Naturwesen sich seiner Göttlichkeit wieder bewußt werden muß, wenn sein Verhältnis zur Natur, zu Gott und damit auch zu sich selbst wieder in Ordnung kommen soll.«[1]

Die neue Mystik fordert bedingungslose Offenheit, Enthusiasmus und Toleranz, um so die Vorbedingungen zu schaffen, damit sich eine Wiedergeburt spirituellen Lebens ereignen kann. Vielleicht findet die starke Anziehungskraft des neuen Mystizismus darin eine Erklärung, daß dem Menschen eingeredet wird, er könne durch mystisches Erleben zu einem Gottesbewußtsein und zu seiner Selbstverwirklichung finden.

In der Tat: Mit der Suche nach neuer Spiritualität vollzieht sich eine Tendenzwende zum Metaphysischen. Das eigentliche Anliegen ist dabei die Frage nach dem Menschsein des Menschen, nach seiner Humanität. Durch die Aktivierung der verborgenen (göttlichen) Kraft der Seele (Unterbewußtsein), soll die Heillosigkeit des Menschen mit all ihren Konsequenzen für das persönliche Leben und auch für die Gesellschaft überwunden werden.

Der moderne Mystizismus bedeutet zweifellos den bisher schärfsten Angriff auf das christlich-abendländische Lebensgefühl.

Der in seinem Denken, Fühlen und Wollen verunsicherte und verängstigte Zeitgenosse, der die traditionelle christliche Religion hinter sich gelassen hat, ist in seiner Orientierungslosigkeit offen für eine Wirklichkeit, die ihm die Weltanschauung des »Neuen Bewußtseins« anbietet.

Nach Reinhard König – in seinem Buch »Geheime Gehirnwäsche« – repräsentiert die neue Spiritualität eine umfassende Religion. In dieser würden »Aspekte und Vorstellungen verschiedener esoterischer abendländischer Traditionen« zusammengefaßt. Von einer Religion könne man insofern sprechen, als hier »die Annahme und Übung übersinnlicher und mystischer Erfahrungen und Praktiken« fördernd unterstützt werde. Doch in dieser (verkappten) Religion spielen der Gott der Bibel und der Gottessohn Jesus Christus als Erlöser keine Rolle mehr.

[1] Günter Schiwy, Der Geist des Neuen Zeitalters, München 1987, S. 41.

5. Die Entdeckung der transpersonalen Dimension

Die Wissenschaft vom Bewußtsein erforscht die Gesetze des Geistes und ist dabei, ihre Ergebnisse einer breiten Öffentlichkeit zugänglich zu machen. Sie hat erkannt, daß es außer dem normalen Bewußtseinszustand noch andere, ja höhere Ebenen des Bewußtseins gibt, die voller Geheimnisse für den Menschen sind.

William James sagt:

»Unser normales Wachbewußtsein… ist lediglich eine besondere Art von Bewußtsein, während überall, getrennt von ihm durch hauchzarte Schirme, völlig andere potentielle Formen des Bewußtseins liegen.«[1]

Diese tiefere (oder wenn man so will auch höhere) Lebensebene berge in sich den größten Reichtum des Lebens: die Quelle alles dessen, was der Mensch zu seiner vollen Entfaltung und Selbstverwirklichung benötige.

Über das transpersonale Wesen, das im Kern eines jeden Menschen liegen soll, schreibt Diana Whitemore:

»Es ist etwas, das über unser alltägliches Bewußtsein, über unsere egoistischen Impulse hinausgeht. Es ist etwas, das man das wahre oder eigentliche Selbst nennen könnte. Es umfaßt unser persönliches, alltägliches Bewußtsein, ist aber doch mehr. Dank diesem Selbst entdecken wir den Sinn und die Erfahrung, ein Ziel im Leben zu haben, was oft Erfüllung bringt. Es weiß, wer wir sind und wohin wir gehen, und auch, was für uns im Leben lohnend und von Wert ist.«[2]

Was einst nur Esoterikern (Eingeweihten) und Mystikern vergönnt war, nämlich »das Eintauchen in eine unsichtbare Dimension jenseits der Sinne« (U. Skambraks), ist heute für jedermann in den Bereich des Möglichen gerückt. Da bedarf es nur noch der Bereitschaft, sich gewisser Psychotechniken zu bedienen. Unter bestimmten Voraussetzungen soll es sogar dem Menschen gelingen, bis zur höchsten Bewußtseinsebene, dem kosmischen Bewußtsein, vorzustoßen.

Um zu höheren Bewußtseinszuständen zu kommen, ja um das Einssein mit dem Kosmos und mit dem Göttlichen zu realisieren, muß der Mensch Prinzipien aufgeben, die seither sein normales Erkennen bestimmt haben, z.B. die Forderung nach Widerspruchs-

---

[1] zit. bei D. Whitemore, S. 202.

[2] Whitemore, S. 15.

losigkeit im Denken und Handeln. Er muß sich aus der selbstauferlegten »Zwangsjacke der Persönlichkeit« lösen. Vor allem aber muß er die Unterscheidung von Gut und Böse, die eigentliche Ursache vieler Konflikte und Persönlichkeitsdramen, aufgeben.

So ist es eine Grundannahme der Weltanschauung des »Neuen Bewußtseins«, daß es durch einen »Vorstoß ins Unbewußte« zu einer Entfaltung ungeahnter Möglichkeiten kommt, die als verborgene Potenzen in der Psyche schlummern. Dabei wird immer deutlicher, daß die Persönlichkeit eher hinderlich ist, wenn es gilt, neue Bewußtseinszustände auszulösen.

Aus transpersonaler Sicht kommt daher der Persönlichkeit auch nur »eine relativ geringe Bedeutung« zu. Tatsächlich sei die Persönlichkeit »nur eine Facette des Selbst – der totalen Identität – und vielleicht nicht einmal eine besonders wichtige Facette... Völlige, ausschließliche Identifikation mit der Persönlichkeit wird vom transpersonalen Standpunkt aus bereits als pathologisch betrachtet.«[1]

Das Tor zu transpersonalen Erfahrungen wird in besonderer Weise durch die Meditation aufgeschlossen. Diese erweist sich je länger je mehr als ein Instrument, das geeignet ist, das normale Bewußtsein aus seinem »Schrumpfzustand« herauszuführen. Die Meditation wird dabei als eine Methode zur Steigerung der Bewußtheit gebraucht mit dem Ziel, das im Menschen liegende ungenützte Potential frei zu machen und einen – wie man sagt – ganzheitlichen Heilungsprozeß in Gang zu setzen.

Es ist unbestreitbar, daß der Mensch mehr ist als das, was ihn durch bestimmte Eigenschaften und Verhaltensweisen von andern und der Welt unterscheidet. Auch ist es richtig, daß er in seinem Wesen mehr ist, als was wir durch wissenschaftliche Erkenntnis »feststellen« können. Aus der Sicht des christlichen Glaubens ist die Persönlichkeit aber keine »Zwangsjacke«, aus der man sich befreien müßte. Ganz im Gegenteil: Sie ist eine Gabe des Schöpfers und dem Menschen als wichtige Lebensaufgabe gestellt.

Nicht das Einssein mit dem Kosmos ist die Bestimmung des Menschen. Auch geht es in unserem Dasein nicht um die Entfaltung der ungeahnten Möglichkeiten in unserem Unbewußten. Persönlichkeit sein bedeutet harte Arbeit an sich selbst und verlangt dem Menschen seine Selbstüberwindung ab. Persönlichkeit heißt deshalb auch, Klarheit in den Gedanken zu suchen, sich in seinen

---

[1] R.N. Walsh und F. Vaughan, Psychologie in der Wende, S. 195.

Strebungen zielbewußt auszurichten und sich um Sachlichkeit und Widerspruchsfreiheit im Denken und Handeln zu bemühen.

6. »Ganzheitlichkeit« als neuer Schlüsselbegriff – wider die Grenzen

Mit dem Begriff der »Ganzheitlichkeit« macht ein neues Schlagwort Schule und schlägt den Zeitgenossen in Bann. Da ist die Rede von ganzheitlichem Leben, ganzheitlicher Entwicklung, ganzheitlicher Erziehung und nicht zuletzt von ganzheitlicher Medizin. Dies alles sind Forderungen, die in unserer Zeit eingelöst werden müßten.

Daß das ganze Universum eine Art von Hologramm sei, d.h. daß der kleinste Teil immer auch zugleich das Ganze in sich enthalte, sozusagen der Makrokosmos im Mikrokosmos sich wiederfindet, entspricht der neuen Sicht von Wirklichkeit heute. Doch was ist mit diesem schwer faßbaren Begriff »Ganzheitlichkeit« gemeint?

Reinhard König schreibt:

»Danach ist alles Lebendige auf der Erde in einer Gleichstimmung mit der Natur und mit dem gesamten Kosmos – so die Vordenker dieses neuen Weltbildes – miteinander verbunden. Durch diese Verbindung bestehe gleichzeitig ein inneres Gemeinschaftsgefühl des Menschen mit der Natur. Die ganze Natur sei von ›Spiritualität‹ erfüllt – ein ominöser, alles verbindender Geist. Diese Auffassung von einem alles durchdringenden Geist, an dem Kosmos und Menschen gleichermaßen teilhaben, ist eine Anknüpfung an uralte, pantheistische Gottesvorstellungen, die hauptsächlich aus der indischen religiösen Kultur, dem Neuplatonismus sowie dem Gnostizismus stammen.«[1]

»Ganzheitlichkeit« als Schlüsselbegriff der Weltanschauung des »Neuen Bewußtseins« bedeutet also nicht weniger, als daß es eine höhere, alle Gegensätze vereinigende Einheit gibt. Alle bestehenden Gegensätze (Polaritäten) in unserer raum-zeitlichen Wirklichkeit, wie gut oder böse, männlich oder weiblich, außen oder innen, rational oder irrational, sind relativ. Sie lassen sich durch die Kraft einer höheren Bewußtheit auf einer höheren Bewußtseinsebene vereinigen.

---

[1] Reinhard König, Sanfte Heilverfahren, Neuhausen-Stuttgart 1987, S. 113.

Unterstützt wird die holistische Sicht der Wirklichkeit durch die Erkenntnisse der neuzeitlichen Physik. Angefangen bei Einsteins Relativitätstheorie bis hin zu Heisenbergs Unschärferelation hat sie eine Wissenschaftsrevolution eingeleitet, die in ihren weltanschaulichen Konsequenzen erst in der Gegenwart verstanden zu werden scheint. Ken Wilber hat das neue Ganzheitlichkeitsdenken auf den kurzen Nenner gebracht: Von der modernen Physik wird behauptet, daß man die Realität nur als eine Vereinigung von Gegensätzen betrachten könne (vgl. Ken Wilber in »Psychologie der Wende«).

Die Idee der »Ganzheitlichkeit« bestreitet also, daß es letzte Gegensätze gibt. Sie behauptet die innere Einheit von Dualismen wie Subjekt und Objekt, Materie und Energie, Lust und Unlust, Leben und Tod. Grenzen, die zweifellos durch das normale Bewußtsein festgestellt werden können und Gegensätze markieren, sind demnach »reine Illusionen«. Die endgültige Lösung der Probleme und Lebensdramen der Menschen liegt folglich in der Vereinigung der bestehenden Gegensätze. Es ist deshalb im Sinne des »Neuen Denkens«, daß Gegensätze nicht zu Trennungen führen dürfen, sondern auf einer höheren Bewußtseinsebene harmonisiert werden.

Mit der Idee der »Ganzheitlichkeit« verbindet sich – offen oder verdeckt – ein Kampf gegen Grenzen jeglicher Art, die der Verwirklichung einer übergeordneten Einheit im Wege stehen (Weltgemeinschaft!). Dieser Kampf richtet sich vor allem gegen Grenzen, die durch das jüdisch-christliche Denken gezogen werden. Dies gilt insbesondere von den Schöpfungsordnungen Gottes und seinen Geboten. Die letzte Grenze aber, die hinweggetan werden soll, ist die zwischen Schöpfer und Geschöpf. Erst wenn diese völlig aufgehoben ist, wird der Weg frei für eine Menschlichkeit, die in die Göttlichkeit einmündet!

Daß das neue Ganzheitlichkeits-Denken zu einer neuen Wertmoral führt, wird von den Vordenkern der Weltanschauung des Neuen Bewußtseins klar erkannt:

»Gut ist alles, was zur neuen Ganzheit führt und böse ist das, was die Spaltung fördert« (Alan Watts).

7. Evolution als Grund und Ziel menschlichen und kosmischen Seins

Tatsache ist, daß die Evolutionstheorie heute nicht mehr allein zur Erklärung von biologischen Sachverhalten dient. Man hat sie inzwischen auf die Entwicklung der Menschheitsgeschichte übertragen. Die Evolutionslehre ist zu einem »den Gang der Welt- und Menschheitsgeschichte umfassenden Harmoniemodell« (v. Padberg) geworden.

Besonderes Interesse gilt heute der Erforschung der Evolution des Bewußtseins. Einen entscheidenden Evolutionssprung bedeute es, daß der Mensch nach Herausbildung seiner Intelligenz sein Lebensgeschick selbst in die Hand genommen habe und nun »den gesamten Prozeß über verschiedene Stufen der Optimierung zu einem allgemeinen Harmoniezustand«[1] steure.

So wird die Vorstellung von einer positiven Höherentwicklung als geistiger Denkrahmen nicht nur für die Naturwissenschaften gefordert. Auch in die Pädagogik, die Psychologie, die Verhaltensforschung, die Soziologie und die Tiefenpsychologie hat das Evolutionsdenken in entsprechender ideologischer Ausformung Eingang gefunden. Deshalb stellt die Evolutionstheorie heute eine »selbständige Weltanschauungslehre« dar, die »als innerweltlich-materielle Deutung des Menschenschicksals«[2] mehr und mehr verfochten wird.

Die Evolutionslehre bedeutet tatsächlich nicht weniger als ein »Welterklärungsmodell«, das in wissenschaftlicher Verbrämung Vergangenheit, Gegenwart und Zukunft umgreift. Tatsächlich werden hier entscheidende Aussagen gemacht über die Natur, die persönliche Transformation, die gesellschaftliche Evolution und nicht zuletzt auch über die Evolution des Gesamtkosmos.

Mit Fug und Recht stellt H. Beck fest, daß der moderne Evolutionismus »eine umfassende Konkurrenzhypothese zur biblischen Ur- und Endzeitgeschichte« propagiere. Und er gibt zu bedenken, daß auch die biblische Eschatologie und die Endzeitverheißungen evolutionistisch uminterpretiert würden, wenn einmal die Evolu-

---

[1] Lutz von Padberg, Weltverbesserung oder Weltverantwortung, Kassel 1982, S. 165.

[2] Vgl. Horst Beck, Biologie und Weltanschauung (Wort und Wissen), Neuhausen-Stuttgart 1979.

tionslehre als Gesamtinterpretationsrahmen in der Geschichte akzeptiert sei.

Sicher steht die evolutionistische Grundvorstellung von einer positiven Menschheitsentwicklung aus ihren eigenen Möglichkeiten heraus in starkem Widerspruch zu der biblischen Sicht der Dinge. Daß der von Gott entfremdete und unter der Sünde stehende Mensch dazu imstande sein soll, seine eigene Entwicklung bis hin zu einem allgemeinen Harmoniezustand zu bewirken, ist aus der Sicht der Bibel mehr als fraglich.

8. Gnosis als Weg zur Erfahrung des göttlichen Ichs

Alle gnostischen Systeme stimmen darin überein, daß sie im Geistigen das Gute und Göttliche erkennen, im Leiblichen hingegen das Schlechte und Böse ausmachen.

Die Sünde des Menschen und das Böse haben nach dieser Auffassung ihren Ursprung in der Materie, im Stofflichen. Alles Materiell-Stoffliche steht deshalb unter einem negativen Vorzeichen. Denn während der Geist des Menschen erhaben und zu Großem bestimmt ist, so die Sicht der Gnostiker einst und heute, könne der Körper nur als böse, fehlerhaft und krank wahrgenommen werden.

Nach gnostischer Lehre gibt es aber einen Rückweg zum geistigen Ursprung des Menschen. Im Menschen selbst sei die Möglichkeit dazu angelegt, sei ein göttlicher Rest, ein Funke noch vorhanden. Und dieser könne über den gnostischen Weg (geheime Botschaft) zur göttlichen Vollkommenheit gelangen. Denn der im Kerker der menschlichen Seele eingeschlossene Rest dränge geradezu nach Entfaltung, d.h. nach Wiedervereinigung mit seinem göttlichen Ursprung.

Die Gnosis bietet dem Menschen nicht nur eine Erklärung an für das Böse in der Welt. Sie zeigt ihm auch einen Weg, wie sein verschüttetes Gott-Ich bewußt und erfahrbar gemacht werden kann. Und sie zeigt ihm, wie er durch die Erkenntnis seiner eigenen geistigen Natur (Gott im Menschen) zum Heil findet und seine Erlösung selbst schafft.

Zweifellos geht von der Möglichkeit, die Welt des Bösen völlig hinter sich zu bringen, die Verirrungen und Verwirrungen des Menschengeschlechts zu beenden, eine starke Faszination aus. Sollte der verängstigte und vom Bösen bedrängte Mensch von dieser Möglichkeit zur Selbstvergottung nicht Gebrauch machen?

Ist es nicht dem Menschen aufgegeben, den letzten Schritt der Evolution zur völligen Harmonie mit der Göttlichkeit zu tun?

Werner de Boor gibt uns in seinem Kommentar zu den Johannesbriefen zu bedenken:

»Das Unternehmen der Gnosis entspricht dem Verlangen des natürlichen Menschen, sich mit seiner eigenen Weisheit und Kraft Gottes zu bemächtigen, und der die ›Welträtsel‹ von sich aus zu lösen versucht, weil er seine Trennung von Gott durch seine Sünde nicht zugeben und die Errettung durch das große Opfer des fleischgewordenen Gottessohnes nicht annehmen will.«[1]

Zwar bietet die Gnosis, wie sie sagt, einen höheren Weg und höhere Erkenntnisse an, wie die göttliche Vollkommenheit erreicht werden soll. Dieser Weg und diese Erkenntnisse führen aber über die christliche Erlösungslehre hinaus. Wer Christus jedoch im Glauben annimmt, bedarf der gnostischen Erfahrung des Gott-Ichs nicht.

9. Mit dem Tod endet die persönliche Existenz, nicht aber das Selbst

Auch die Weltanschauung des »Neuen Bewußtseins« muß sich mit der Frage nach dem Tod und nach dem Sterben auseinandersetzen. Die Angst vor dem Tode scheint in besonderer Weise dazu geeignet zu sein, dem Menschen religiöse Erfahrungsbereiche zu erschließen. Stanislav Grof weiß davon zu berichten:

»Selbst eingefleischte Materialisten, positivistische Wissenschaftler, Skeptiker und Zyniker, ja selbst kompromißlose Atheisten und Religionshasser... interessieren sich plötzlich für spirituelle Entwicklung, sobald sie diese Ebene in sich selbst erfahren.«[2]

Gewiß sind Sterben und Tod wesentliche Aspekte unseres Menschseins, die wir – zugegeben – stark verdrängt haben. Schon das Wissen um den Schrecken des Todes, insbesondere aber Erfahrungen der Todesnähe bei Sterbenden, rufen beim Zeitgenossen Ängste hervor. Existentielle Krisen sind nicht selten Folgen des Wissens darum, wie zerbrechlich und vergänglich unsere Existenz ist.

---

1 Werner de Boor, Johannesbriefe, Wuppertal 1974, S. 17.
2 Stanislav Grof in: Psychologie der Wende, S. 17.

Starke Beachtung hat deshalb der Tod und das Sterben in der Weltanschauung des »Neuen Bewußtseins« gefunden. Zwar wird von ihr der Tod und das Ende der physischen Natur nicht bestritten. Doch wird darauf hingewiesen, daß beim Sterben die eigentliche Natur des Menschen, sein Selbst, im wesentlichen unverändert bleibe. Die Annahme eines endgültigen Todes wird also strikt zurückgewiesen. Nachdrücklich wird dabei betont, wie wichtig es in diesem Zusammenhang sei, an die Unsterblichkeit der Seele (Reinkarnationslehre) zu glauben. Berichte aus der Sterbeforschung über Menschen, die als klinisch Tote ins Leben zurückgeholt wurden, dienen zur Bekräftigung dieser Sicht.

In der zeitgenössischen Literatur finden sich zahlreiche Anleitungen, wie mit der Todesangst umgegangen werden könne, um deren Macht zu bannen (hinwegzuzaubern). Da ist z.B. die Rede von Erfahrungstrainings, die auf den Tod vorbereiten und ihm seinen Stachel nehmen sollen.

Vom christlichen Glauben her muß jedoch daran festgehalten werden, daß »der Tod der Sünde Sold« ist und ein Gericht Gottes über den Menschen bedeutet. Nach dem biblischen Befund (vgl. Hebr 9,27) kann nicht übersehen werden, daß es von Gott her jedem Menschen bestimmt ist, einmal zu sterben. Keiner hat die Möglichkeit, dem Tod zu entrinnen und sich dem Gericht Gottes zu entziehen.

10. Das esoterische Welt- und Menschenbild

Die zentrale Frage, was der Mensch eigentlich sei, zielt auf die Kernaussage einer Weltanschauung. Auch die Lehre vom »Neuen Bewußtsein« will uns Auskunft darüber geben, wie sich der Mensch verstehen möchte und welche Stellung ihm dabei im Kosmos zukommen soll.

Die Antwort, die auf diese zentrale Menschheitsfrage gegeben wird, stützt sich auf alte esoterische Tradition (esoterikos = innerlich, verborgen). Es ist die Erkenntnis, daß der Weg zum wahren Menschsein allein über einen »Durchbruch zur Innenwelt«[1] führt. Das esoterische Welt- und Menschenbild läßt sich nun durch folgende Grundüberzeugungen, die darin enthalten sind, näher bestimmen:

---

[1] Vgl. Hans-Jürgen Ruppert, Durchbruch zur Innenwelt, Stuttgart 1988.

a) Es gilt, daß die sichtbare Welt weder die einzige noch die ganze Wirklichkeit umfaßt. Sie ist vielmehr von einer größeren, allseitigen Wirklichkeit umschlossen, die aber für die Sinnesorgane unzugänglich ist. Auch die menschliche Natur wird vom Esoteriker sowohl als körperliches als auch geistiges Wesen erfahren, aber beides zugleich, komplementär (sich ergänzend) und widerspruchsfrei. Dabei steht es für den Esoteriker außer Frage, daß die Wirklichkeit, die hinter den sichtbaren Erscheinungen liegt, göttlicher Natur ist.
b) Es gehört zur esoterischen Grundüberzeugung, daß sich Mikrokosmos und Makrokosmos entsprechen, ja daß der Mensch als Mikrokosmos ein getreues Abbild des Makrokosmos darstellt. Wie im geordneten Kosmos ganz bestimmte Gesetze herrschen, so werde auch das menschliche Leben von unumstößlichen Gesetzen geordnet. Diese müsse man kennen und beachten, um unbeschadet leben zu können. Schon in alter Zeit wurde das esoterische Analogiegesetz formuliert. Es lautet: »wie oben (im Himmel), so unten (auf der Erde).« Daraus wird dann geschlossen, daß über die Kenntnis der Gesetze des menschlichen Geistes der Weg zur Gotteserkenntnis gefunden wird.

Weil es nun im geordneten Makrokosmos keinen Zufall gibt, deshalb hat auch der Zufall im Mikrokosmos keinen Platz. Hinter jedem innerweltlichen Ereignis steht ein Gesetz, auch wenn dieses nicht immer sofort erkennbar ist. So kann es nach esoterischer Sicht niemals im menschlichen Leben einen Zufall geben, es sei denn, daß der sogenannte »Zufall« als etwas dem Menschen gesetzmäßig Zufallendes verstanden wird. »Man wird nicht zufällig krank, nicht zufällig von einem Auto überfahren, nicht zufällig von reichen oder armen Eltern geboren.«[1]

Nach diesen beiden grundlegenden Positionen lassen sich weitere Einzelaussagen über das neue Menschenbild der Esoterik machen (und zwar im Anschluß an Willis Harman in seinen Ausführungen über »Die gesellschaftlichen Auswirkungen paranormaler Phänomene«[2]).

Willis Harman gibt uns folgendes zu bedenken:

– daß es unter bestimmten Voraussetzungen dem Menschen möglich sei, normale Bewußtseinsebenen zu überschreiten und zu

[1] Thorwald Dethlefsen, Schicksal als Chance, München 1987, S. 32.
[2] Willis Harman in: Psychologie der Wende, S. 280 f.

einem höheren Bewußtsein zu gelangen. Dieses Transzendieren (Bewußtseinserweiterung, Selbstbefreiung) sei geradezu zwingend, weil sich hinter der Welt der Erscheinungen eine ewige Wirklichkeit (Grund des Seins) verberge. Mit der Zunahme der Bewußtheit werde die eigentliche Wirklichkeit offenbar und der »Einfluß des höheren Selbst« offenkundig. »Jetzt merkt der Mensch, daß die Entscheidungen, zu denen er durch logisches Folgern oder Intuition gelangt zu sein glaubt, tatsächlich Auswirkungen von Entscheidungen sind, die auf höheren Ebenen des Selbst gefällt wurden...«

- daß aus esoterischer Betrachtungsweise der Gang des Menschen durch diese Welt ohne eine höhere Bewußtheit »einem hypnotischen Schlaf« gleicht. Denn durch die suggestive Kraft, die der jeweiligen Kultur eigen ist, werde der Mensch nicht nur »traktiert«, sondern geradezu »unentrinnbar hypnotisiert«. Es sei eine Selbsttäuschung, wenn man glaube, man könne Entscheidungen eigenverantwortlich und aus freier Selbstbestimmung heraus fällen. Erst mit zunehmender Bewußtheit gelinge es, von der Motivation durch materielle und ichhafte Bedürfnisse frei zu werden. Erst auf einer höheren Bewußtseinsebene beginne der Mensch zu erkennen, worin seine tiefste Motivation gründet. Nämlich: »... am Prozeß der Evolution teilzuhaben und durch sinnvolle Abstimmung überbewußter, bewußter und unterbewußter Entscheidungen mehr Ganzheit (›Heilheit‹) zu verwirklichen...«

- daß aus der Einsicht in den göttlichen Grund menschlichen Seins die wichtige Erkenntnis folgt, »daß das Potential des Menschen grenzenlos ist; daß alles Wissen und alle Macht erreichbar ist für den Geist, der in sich selbst hineinschaut; und daß alle Grenzen (Schwächen, Krankheiten usw.) letztlich selbsterwählt sind. Das große Geheimnis des esoterischen Wissens lautet: ›Ich bin der Grund‹«. Aus dieser Einsicht erwächst dem Menschen eine neue Einstellung zum Leben. Jetzt findet er seine Lebenserfüllung allein darin, bewußt am Prozeß der Evolution des Menschen und der Welt teilzuhaben und sich für den gesellschaftlichen Wandel einzusetzen...

- daß gesellschaftlicher Wandel zuallererst Wandel in der Wahrnehmung seiner selbst und der Welt, Wandel in der Begriffsbildung und Wandel in den Wertvorstellungen bedeutet. Ein solcher Wandel würde dann unaufhaltsam eine neue Ethik nach sich ziehen, die etwa so aussehen könnte:

»Das eine ist eine ökologische Ethik, die ein Gefühl für die Gemeinschaft aller Menschen fördert, ein Verantwortungsgefühl für das Schicksal der Planeten zeugt und einen Ausgleich schafft zwischen Eigeninteresse, dem Interesse anderer und dem Interesse künftiger Generationen. Das andere ist die Ethik der Selbstverwirklichung, für die alle individuelle Erfahrung im Dienst der individuellen Entwicklung zum wahren Selbst und der Evolution der Menschheit steht…«

Zweifellos klingt im esoterischen Welt- und Menschenbild immer wieder auch christliches Gedankengut an. Wie für die esoterische Bewegung, so gilt auch für den christlichen Glauben, daß es mehr gibt, als was mit den Sinnen erfahren und erfaßt werden kann oder was wissenschaftliche Geräte ermitteln. Wie das »Neue Denken« und die Bewegung des »Neuen Bewußtseins«, so weiß auch der christliche Glaube, daß es eine unsichtbare geistige Wirklichkeit gibt, die hinter der sichtbaren Welt steht. Er weiß, daß gerade der Mensch aus der unsichtbaren Welt Gottes wesentliche geistige Impulse empfängt. Dennoch sieht sich der von der biblischen Offenbarung herkommende Gläubige radikal geschieden von der Grundannahme esoterischen Denkens, daß nämlich der Mensch selbst der Grund des Seins sei und deshalb über eine grenzenlose Potentialität (zum Guten) verfügen müsse. Der These von G. Schiwy, daß im Geist des Neuen Zeitalters der Geist Gottes zur Wirkung komme, muß daher entschieden widersprochen werden.

IV. Die religiös-psychologische Lehre vom »Positiven Denken«

1. Lebensbewältigung durch »Positives Denken«

Unter der Schlagzeile »Einstellungen sind wichtiger als Tatsachen« wirbt eine »Zeitung für preis- und qualitätsbewußte Verbraucher« (Aufl. 230 000)[1] für eine Idee, die, wie sie sagt, vor 40 Jahren geboren worden sei, aber erst heute so recht ins Rollen komme. Es ist die Idee von der Kraft des »Positiven Denkens«. Da heißt es:

»Es gibt keine Hindernisse und Probleme, die unser Lebensglück beeinträchtigen und zerstören dürfen.«

Der dieses sagt und vor vierzig Jahren niedergeschrieben hat, ist Norman Vincent Peale, Pfarrer und Autor des Buches »Die Kraft des positiven Denkens«[2], das seither von vielen Menschen, insbesondere auch von Christen, gelesen wurde.

»Die Menschen vergessen, daß wir negative Einflüsse kontrollieren und überwinden können«, sagt Peale. Sorgen und Schwierigkeiten seien dazu da, um überwunden zu werden; niemals aber dürften sie unser Leben beherrschen. An ihre Stelle müßten wir »vielmehr geistige Kräfte« setzen und diese im Unterbewußten wirken lassen. Es sei von größter Wichtigkeit, unserem Geist immer und immer wieder Gedanken des Vertrauens und der Zuversicht zukommen zu lassen.

Peale schreibt:

»Wenn Sie schöpferische Ideen und positive Gedanken aufnehmen und diese pflegen, stärken und weiterentwickeln, wird es Ihnen gelingen, Ihre Geld- und Geschäftsprobleme besser zu lösen als zuvor. Ihre Unternehmungen werden sich ersprießlich gestalten und Ihr ganzes Leben wird sich dank einer neuen, bejahenden Lebenshaltung verändern.«

Nur das Selbstvertrauen bringe Erfolg im Leben, während jedes Gefühl der Unsicherheit und Minderheit unsere Tatkraft zum Erliegen bringe und uns der Hoffnung beraube.

---

[1] »Unsere Zeitung« Nr. 210/87.

[2] Norbert V. Peale, Die Kraft des positiven Denkens, Thalwil Zürich 1952.

Die Verbraucherzeitung weiß zu berichten, daß Peale unzählige Gespräche mit Menschen in aller Welt geführt habe und dabei in seiner Erkenntnis bestärkt worden sei, daß Gedanken dynamische Kräfte seien.

»Umstände würden weit mehr durch sie bestimmt als umgekehrt. Der Mensch könne durch sein Denken zu Erfolg oder Mißerfolg, zu Glück oder Unglück geführt werden.«

Die Verbraucherzeitung fordert deshalb ihre Leser auf, Peales Aussagen über die Kraft des positiven Denkens ernst zu nehmen und rückhaltlos auf die eigene Situation zu übertragen. Peales Lebensphilosophie in neun Worten sei heute aktueller denn jemals zuvor:

»Wer Verhältnisse ändern will, muß zuerst sein Denken ändern.«

Im Mitteilungsblatt der Barmer Ersatzkasse werden die Leser ermutigt, stärker als seither ihr Glück, d.h.auch ihre Gesundheit in die eigene Hand zu nehmen. Sie werden daran erinnert, daß die Biographien erfolgreicher Menschen darin übereinstimmten, daß diese von Anfang an viel Vertrauen zu sich selbst und klar umrissene Lebensziele vor Augen gehabt hätten. Daraus wird gefolgert, daß Lebensqualitäten wie Training, Zielsetzung und Selbstvertrauen bereits in der Kinderstube geweckt und entwickelt werden müßten.

Sodann wird der Leser aufgefordert, entsprechend dem Rezept, das schon der Apotheker Coué (1857-1926) seinen Kunden empfohlen habe, sich selbst suggestiv zu beeinflussen. Coué hatte seinen Besuchern vorgeschlagen, Tag für Tag zu sich selbst zu sagen: »Es geht mir schon besser!«

Der Schreiber im Mitteilungsblatt der Barmer Ersatzkasse, Dr. Peter Paal, appelliert nun an seine Leser, diese Grundformel von Coué auf ihre Verhältnisse zu übertragen und dahingehend zu erweitern: »Alles, was ich will, gelingt mir Tag für Tag besser!« Und der Verfasser des Aufsatzes ist davon überzeugt, daß diese Autosuggestion nicht nur zur Stärkung des Selbstbewußtseins dienlich sei, sondern auch unser Engagement und unsern Mut stärken und steigern könne.

Unter der Überschrift »Trauen Sie sich etwas zu!« wirbt Dr. Paal für eine psychologische Methode, die sich bewährt habe:

»Man schafft ein positives Selbstbild der eigenen Persönlichkeit, gleichsam als idealen Entwurf, vielleicht sogar als Vision der Gestalt, zu der man sich entwickeln möchte. Dieses Vor- und Leitbild gilt es immer vor Augen zu haben und immer weiter zu vervollkommnen... Denn von positiven Menschen geht immer eine Anziehungskraft aus.«[1]

Es sei reizend, ja faszinierend, schreibt Dr. Paal, an diesem Selbstbild zu arbeiten und die positiven praktischen Auswirkungen dann zu verfolgen, gleich einem Abenteuer, das »zu willkommenen Kettenreaktionen« führe und »mit hoher Wahrscheinlichkeit« gesteckte Ziele erreichen lasse.

Schon diese wenigen »Schlaglichter« machen deutlich, wie aktuell die Lehre des »Positiven Denkens« für den heutigen Menschen geworden ist. In einer heillosen Zeit wird dem Menschen gezeigt, wie er zu Glück, Harmonie, Gelassenheit und Frieden findet, wenn er auf die Heil- und Erneuerungskräfte seines Unbewußten vertraut. Auch nicht wenige wissen zu berichten, daß sie durch gezieltes »Positives Denken« mit ihren Problemen und Schwierigkeiten besser zurechtgekommen seien.

Inzwischen hat auch der Büchermarkt auf diesem Sektor eine Marktlücke erkannt. Zahlreiche Autoren schicken sich an, dem verunsicherten und desorientierten Zeitgenossen sozusagen einen Leitfaden an die Hand zu geben, wie er zu mehr Selbstsicherheit, zu neuer Vitalität, zu einem angstfreien Dasein, zu neuer Lebensenergie und innerer Gelassenheit, kurz zu einem neuen Lebensgefühl finden kann. Der Schlüssel dazu liege in der Kenntnis und konsequenten Anwendung der Gesetze des Geistes.

2. Voraussetzungen für »Positives Denken«

»Positives Denken« gilt heute als Weg zu einem neuen Lebensgefühl. Man möchte, daß der Mensch durch Erneuerung (Transformation) zu einer positiven Grundeinstellung dem Leben gegenüber findet, damit er seine Probleme und Schwierigkeiten im Alltag besser meistert. Durch »Positives Denken« soll er zu jener inneren Ruhe und Gelassenheit kommen, die ihm ein ganzes Ja zum Leben ermöglicht.

»Positives Denken« zielt also letztlich auf Selbstverwirklichung im Sinne von Ganzsein und Heilsein, auf ein erfülltes Leben. N.V. Peale sieht darin den wichtigsten Grundsatz unseres Lebens:

»Jeder Mensch hat die Möglichkeit, seinen Geist auf Erfolg

---

[1] Peter Baal, Die Barmer, Nr. 4/88.

einzustellen… Es liegt weithin in unserer Hand, ob unsere Zukunft erfolgreich sein wird. Unsere Gedanken bestimmen unser Schicksal.«[1]

»Positives Denken« geht davon aus, daß Gedanken unsere Handlungen beeinflussen, daß durch eine bestimmte Geisteshaltung menschliches Leben in einer bestimmten Richtung verändert wird.

»Ob wir gut oder schlecht, stark oder schwach von uns denken, alles hat die Tendenz, Wirklichkeit zu werden. Die menschliche Natur entwickelt sich in der Richtung, in der wir denken.«[2]

Diese grundlegende Erkenntnis gilt freilich sowohl für die Gedanken, die die eigene Person betreffen, als auch für unser Denken über andere Menschen und über die vorgegebenen Verhältnisse unserer Mit- und Umwelt. So hängt es von der Qualität unserer Gedanken ab, ob sich positive oder negative Gefühle einstellen. Daß schließlich unsere Mitmenschen von unseren Denkgewohnheiten betroffen sind, ist einleuchtend. Tatsächlich wirken diese auf die Mitmenschen belastend oder befreiend.

Die Lehrer des »Positiven Denkens« weisen immer wieder darauf hin, wie wichtig es sei, daß durch »Positives Denken« die Selbstachtung gefördert und ein Verhalten unterstützt werde, das dem eigenen Wohl und dem des andern angemessen ist.

Als eine weitere Voraussetzung, um eine positive Grundeinstellung dem Leben gegenüber zu erreichen, nennen sie eine realistische Selbsteinschätzung der eigenen Person, der eigenen Fähigkeiten und Möglichkeiten. Stärken und Schwächen, die jedem eigen sind, sollen erkannt und bejaht werden. Aus dieser Erkenntnis folge dann die Bereitschaft, dem Mitmenschen ebenfalls seine Stärken und Schwächen zuzubilligen.

»Positives Denken« heißt also, sich selbst und den andern – so wie man ist – voll zu akzeptieren. Dabei »erlaubt uns« die Anwendung der Grundsätze einer aufbauenden Lebenshaltung, »verborgene Kräfte zu finden und zur Entfaltung zu bringen« (Kreativität)[3]. Positive Denker sind Menschen, so könnte man sagen, die ihr Leben in die eigene Hand genommen haben, die zum Steuermann ihres Soseins und Daseins geworden sind. Diese Aufgabe

---

1 Peale, Die Wirksamkeit des positiven Denkens, München 1987, S. 10.
2 Peale, S. 18.
3 Peale, S. 38.

nicht wahrzunehmen, erscheint aus der Sicht des »Positiven Denkens« als unverantwortlich und lebensfeindlich.

»Positives Denken« bewirkt zweifellos ein besseres körperliches und seelisches Wohlbefinden. Manche heben hervor, daß durch positive Gedanken sogar das Immunsystem verbessert werden könne. Auch finden viele die Erfahrung bestätigt, daß sich durch positive Gedanken die Leistungsbereitschaft und die Leistungsfähigkeit der Menschen steigern läßt.

N.V. Peale, der Begründer der Lehre von der Kraft des »Positiven Denkens«, zählt das Selbstvertrauen zur wichtigsten Voraussetzung für eine positive Grundeinstellung:

»Selbstvertrauen... führt zur Selbstverwirklichung und zur erfolgreichen Vollendung unserer Aufgaben... Wenn die richtigen Schritte unternommen werden, können wir uns mit Sicherheit von den Minderwertigkeitsgefühlen befreien und jenes schöpferische Vertrauen in uns entwickeln, das durchaus berechtigt und natürlich ist.«[1]

Auf die Frage, wie verlorenes Selbstvertrauen zurückgewonnen wird, antwortet Peale:

»Eine der machtvollsten geistigen Konzeptionen, die uns helfen können, verlorenes Selbstvertrauen zurückzugewinnen, ist der Gedanke, daß Gott stets mit uns ist und uns beisteht... Wir müssen uns immer wieder dieser Tatsache bewußt sein, sie uns vorstellen und sie erleben, dann wird sie zu einer lebendigen Wahrheit bei all unserem Tun und wird Kräfte entwickeln, die ans Wunderbare grenzen.«[2]

3. Grundlagen der Lehre des »Positiven Denkens«

Als ein geistbegabtes Wesen ist der Mensch mit der Fähigkeit ausgestattet, denken zu können. Aufgrund dieser Besonderheit, die ihn neben anderen geistigen Funktionen gegenüber dem Tier auszeichnet, kann er sich in Freiheit selbst bestimmen und entsprechend den Möglichkeiten, die in ihm schöpfungsmäßig angelegt sind, entfalten. Dennoch bleibt er – obschon alles menschliche Sein von Gott herkommt – Mensch: also Geschöpf Gottes und dazu noch einer, der von der Sünde gezeichnet ist.

---

[1] Peale, S. 32.

[2] Peale, S. 50.

Was verstehen wir unter dem Denken?

»Ganz allgemein läßt sich sagen, daß Denken eine bewußte oder unbewußte geistige Fähigkeit ist, mit deren Hilfe Vorstellungen entwickelt, Sinnzusammenhänge geklärt und Bedeutungsinhalte festgelegt werden können. Durch Denken wird nicht nur Wissen erweitert, sondern auch unser Verhalten und unsere Emotionen werden gesteuert. Der Denkvorgang ist weithin abhängig von äußeren Reizen (Schrift, Sprache, Licht etc.) und inneren Vorstellungen (Bildern). Letztere wiederum sind in den meisten Fällen Endprodukte früherer Denkprozesse. Sie können unter bestimmten Bedingungen neue Denkvorgänge auslösen.«[1]

Daß von unserem *Denken eine Macht* ausgeht, die sich auswirkt, ist unbestreitbar. Positive und negative Gedanken beeinflussen nicht nur unsere Gefühle; sie bestimmen auch den Körper mit seinen Funktionen. Vorstellungen und Meinungen haben – wie die Alltagserfahrung zeigt – sogar Auswirkungen auf die Gesundheit oder Krankheit des Menschen. Es ist demnach nicht unwesentlich, wie jemand mit seinen Gedanken umgeht: ob er negativen Gedanken Raum läßt oder ob er sein Denken mit positiven Gedanken ausfüllt.

»Ein Mensch, der denkt ›ich bin nichts, ich kann nichts‹, untergräbt mit seinem Denken seine eigenen, ihm von Gott gegebenen Fähigkeiten. Er steuert dazu bei, daß die Gaben, die ihm Gott gegeben hat, verkümmern. Das Ergebnis sind Unzufriedenheit, Minderwertigkeitsgefühle, Unausgefülltsein, Freudlosigkeit, Selbstmitleid… Deswegen ist es von großer Wichtigkeit, unser Denken immer wieder mit Gedanken des Vertrauens, der Liebe, der Zuversicht, der Fürsorge Gottes zu erfüllen. Es gilt, mit gläubiger Entschlossenheit darüber zu wachen, meine Gedanken zu kontrollieren, was ich aufnehme in mein Denken.«[2]

Gedanken sind energetisch aufgeladen

Nun geht die Lehre des »Positiven Denkens« von der grundlegenden Erkenntnis aus, *daß allen Gedanken eine Kraft innewohnt,* die sich verwirklichen möchte:

---

[1] Peter Axt und Helmut Fuchs, Die Wandlungskraft des positiven Denkens, Freiburg 1987, S. 13.

[2] Kurt Scherer, Die Macht der Gedanken, Adelshofer Impulse, Heft 2.

»Jeder Gedanke, den ein Mensch denkt, stellt eine Energie dar, die versucht, sich im Leben dieses Menschen zu materialisieren... Wenn sich von den fünfzigtausend Gedanken (pro Tag!) z.B. zehntausend mit einer ganz bestimmten Vorstellung beschäftigen, dann wird diese Vorstellung so stark energetisch aufgeladen, daß die Verwirklichung dieser Vorstellung erfolgt.«[1]

Die Lehre des »Positiven Denkens« möchte nun diese nicht zu leugnenden Kräfte zur positiven Steuerung des Lebens gezielt einsetzen. Der Mensch soll durch eine Aufladung seiner Gedanken mit kosmischer Energie zu mehr Harmonie in seiner Persönlichkeit und zu mehr Lebenserfolg finden. Tatsächlich ist im allgemein menschlichen Bewußtsein die Erkenntnis eher vorhanden, daß sich negative Gedanken auch negativ auf das Erleben und Verhalten auswirken.

Funktionen von Tagesbewußtsein und Unterbewußtsein

Das Tagesbewußtsein mit den Gedanken und Gefühlen stellt – in der Sicht der Weltanschauung des »Neuen Bewußtseins« – nur etwa ein Zehntel des Bewußtseins überhaupt dar, sozusagen die Spitze eines Eisberges. Über die übrigen neun Zehntel des Unterbewußtseins vermag der Mensch nicht frei zu verfügen. Es seien jedoch alle Menschen, so wird angenommen und behauptet, über dieses »kollektive Unterbewußtsein« miteinander verbunden. Die Vertreter der Lehre des »Positiven Denkens« sind sogar der Meinung, daß über das »kollektive Unterbewußtsein« die Speicherung eines eigenen Denkprogramms gegenüber allen übrigen Menschen wirksam werden könne.

Zum besseren Verständnis des Sachverhalts dient es, wenn man zwei Funktionen des Unterbewußtseins unterscheidet:

»Die erste Funktion besteht darin, daß das Unterbewußtsein ein Computer ist. Dieser Computer speichert alles, was wir denken und was wir uns vorstellen. Je stärker ein Gefühl ist, das diese Gedanken und Vorstellungen begleitet, um so intensiver ist der Eindruck, der im Unterbewußtsein zurückbleibt. Die zweite Funktion des Unterbewußtseins ist der schöpferische Aufgabenbereich: Jeden empfangenen und gespeicherten Gedanken, jede Vorstel-

[1] Manfred Czierwitzki, Positives Denken gezielt einsetzen und sein Leben verändern, Landsberg 1987, S. 27.

lung, jeden Wunsch und jede Angst und Sorge verstärkt es mit kosmischer Energie.«[1]

Von großer Wichtigkeit zum Verständnis der Lehre des »Positiven Denkens« ist auch die Erkenntnis, wie das Unterbewußtsein auf die Inhalte des Tagesbewußtseins reagiert. M. Czierwitzki, der Leiter des POSITIV-Zentrums in Bremen, schreibt dazu:

»Unsere Bewußtseinsinhalte werden in *jedem* Fall verstärkt. Ebenso ist es wichtig zu wissen, daß das Unterbewußtsein bei der Speicherung nicht ›intelligent‹ vorgeht. Es unterscheidet nicht, ob unsere Gedanken positiv für uns sind oder nicht. Jeder Eindruck, alles wird gespeichert und verstärkt die bereits vorhandenen Programminhalte. Die Aufgabe der Beurteilung der Gedanken kommt allein unserem Tagesbewußtsein zu. Dies erklärt beispielsweise auch, warum unser Unterbewußtsein eine real erlebte Situation nicht von einer Situation unterscheiden kann, die nur in unserer Vorstellung stattgefunden hat. Sich Bilder einzuprägen und ihre Inhalte zu verstehen, fällt dem Unterbewußtsein besonders leicht.«[2]

Auf den Glauben kommt es an!

Ob das »Positive Denken« auch zu dem gewünschten Erfolg führt, hängt in erster Linie von der inneren Überzeugung, d.h. vom vorhandenen Glauben ab. Über die *Notwendigkeit einer sicheren Glaubensgrundlage für den Erfolg* des »Positiven Denkens« schreibt Dr. Joseph Murphy:

»Auch bei Ihrem Unterbewußtsein handelt es sich um ein universelles Prinzip; es funktioniert nach dem Gesetz des Glaubens. Sie müssen wissen, was Glaube ist, wie er wirkt und was er bewirkt… Das Gesetz des menschlichen Geistes ist das Gesetz des Glaubens. Es heißt daher, an die Funktionsweise des Geistes zu glauben und auch an den Glauben selbst. Was Sie im Geiste glauben ist nichts anderes, als was Sie im Geiste denken – darin liegt das Geheimnis. Was immer Sie erleben und tun, *alle Ereignisse und Umstände Ihrer Existenz sind Reaktionen des Unterbewußtseins auf Ihre Gedanken. Nicht der Inhalt Ihres Glaubens also, sondern das bloße Vorhandensein dieses Glaubens in Ihrem Geist*

---

[1] Czierwitzki, S. 29.
[2] Czierwitzki, ebd.

ist es, was diese Wirkung zeitigt (Hervorh. v. uns!)... Um eine wünschenswerte Entwicklung Ihrer Lebensbedingungen zu erreichen, müssen Sie deshalb uneingeschränkter Herr Ihrer Gedanken werden. Sobald Sie richtig denken und die Wahrheit begreifen gelernt haben und die in Ihrem Unterbewußtsein eingepflanzten Gedanken positiver, harmonischer und friedlicher Art sind, wird die magische Wirkungskraft Ihres Unterbewußtseins zur Geltung kommen und angenehme, harmonische Lebensbedingungen schaffen... Ihr Unterbewußtsein reagiert mit der Empfindlichkeit eines Präzisionsinstruments auf jeden Ihrer Gedanken.«[1]

In Anbetracht der großen Bedeutung, die dem Glauben als einer magischen Kraft für den Erfolg des »Positiven Denkens« zukommt, wäre es wohl richtiger, von einer Lehre des »Positiven Glaubens« zu sprechen. Doch die Vordenker auf diesem Gebiet – Peale, Murphy, Freitag – tun es deshalb nicht, weil sie meinen, daß das Wort Glaube noch zu stark vom religiösen Denken her besetzt und belastet sei. Immerhin scheint es aber nicht unberechtigt zu sein, wenn von Kritikern das positive Denken innerhalb der Bewegung des »Neuen Bewußtseins« als eine religiöspsychologische Lehre eingeschätzt wird.

Suggestion und Visualisation

Zur Beeinflussung des Unterbewußtseins in die gewünschte Richtung sind nun bestimmte Methoden (Praktiken, Psychotechniken) entwickelt worden. Die Älteste, eine immer noch sehr bewährte, ist die sogenannte Autosuggestion. Positive Einstellungen werden hier durch regelmäßige verbale Wiederholungen in das Unterbewußtsein eingesenkt und eingeprägt. Auf diese Weise kann nach einer uralten Erfahrung die psychische Grundeinstellung durch eine *»selbstgeschaffene Wertformel«* umgeformt werden, was Auswirkungen auf den Verstand, den Willen und das Gefühl hat. Durch diese Art von Manipulation wird der Zugang zur »unbewußten Schaltzentrale« eröffnet.

So führen Worte, die ständig wiederholt werden, schließlich zu einer Wandlung des Bewußtseins. Je nachdem sprechen wir von Beeinflussung, von Manipulation oder von Gehirnwäsche. Erhard

---

[1] Joseph Murphy, Die Macht Ihres Unterbewußtseins, Landsberg 1987, S. 22 f.

Freitag, der bekannteste Vordenker in der Bundesrepublik Deutschland, schreibt:

»Suggestionen gewinnen ihre Wirksamkeit durch das Eindringen und Haften im Unterbewußtsein... Je tiefer die Entspannung und geistige Wendung nach innen, um so leichter ist das Unterbewußtsein zugänglich.«[1]

Dabei wirkt das Umsetzen einer guten positiven Suggestion in eine bildliche Vorstellung wie ein Verstärker. So weiß man heute, daß es weit mehr die eigenen Vorstellungen und Bilder sind, die das Verhalten ändern, als Appelle und andere gedankliche Anweisungen. Daß die Einwirkung des Bildes auf das Unterbewußtsein stärker ist als die des bloßen Wortes, ist allgemein anerkannt und findet in verschiedenen pädagogischen Bereichen Anwendung. Dabei ist es wichtig zu wissen, daß das Unterbewußtsein auf eingebildete Bilder (Einbildungen) genau so reagiert wie auf reale.

»Unsere Fantasie und Vorstellungskraft ist immer schöpferisch tätig, und wir können damit ganz nach Wunsch in die Hölle oder in das Paradies fahren, die Entscheidung liegt nur bei uns selbst.«[2]

Es gelte daher, die Imaginationskraft, die bei jedem angelegt ist, nicht brach liegen und verkümmern zu lassen, sondern sie so gut wie möglich zu entwickeln.

Aus neueren Forschungsergebnissen weiß man, daß das Unterbewußtsein (jene angenommene Kraftzentrale) auch durch direkten Zugang erreicht und beeinflußt werden kann. Auf der sogenannten Alpha-Ebene, einem entspannten Bewußtseinszustand, sei das Gehirn besonders aufnahmefähig.

»Vorstellungsbilder und suggestive Gedanken, die wir in diesem entspannten geistigen Zustand machen, können bis 50 mal schneller zur Auswirkung kommen als Gedanken und Vorstellungen, die wir uns im vollen Tagesbewußtsein machen.«[3]

Persönliche Verantwortlichkeit des einzelnen

Als Ziel hat sich die Lehre des »Positiven Denkens« ein Leben gesetzt, das *frei* ist *von Fremdbestimmungen* und ganz den eigenen Wünschen und Vorstellungen entspricht. Das setze jedoch voraus, daß die Ziele als Lebensziele sorgfältig formuliert wür-

---

[1] Erhard F. Freitag, Kraftzentrale Unterbewußtsein, Genf 1986, S. 93.
[2] Czierwitzki, S. 79.
[3] Czierwitzki, S. 30.

den, und zwar von der bereits erreichten positiven Verwirklichung her. Nur auf diese Weise könne die Kraftzentrale Unterbewußtsein entsprechend aktiviert werden.

»Zukunftsvorstellungen oder Worte wie ›ich werde‹ lassen das Unterbewußtsein unberührt. Es wartet dann mit Ihnen zusammen auf das Werden. Sie müssen es jetzt und sofort bei Ihrer Übung zur Verwirklichung veranlassen und das Gewünschte bereits voll erleben. Gehen Sie nie mit einem Problem zu Ihrem höheren Selbst, sondern immer mit der Lösung. Sehen Sie sich also im Zustand des erreichten Zieles, glücklich und zufrieden.«[1]

Weil die Ursachen der persönlichen Lebensumstände eben nicht in den Verhältnissen lägen, sondern in der eigenen Person, sei es erforderlich, immer wieder an die Selbstverantwortlichkeit zu appellieren. Denn die zur Verwandlung notwendige Kraft komme ja nicht von außen, sondern liege im Menschen: in seiner Kraftzentrale Unterbewußtsein und in der ihm eigenen »Selbstverwirklichungstendenz« (C. Rogers).

So liegt die *Lösung aller Probleme* letztlich *in der Hand der eigenen Person.* Jeder trägt die Verantwortung dafür, welche Art von Gedanken seinem Unterbewußtsein eingegeben werden, ob und wie sein Denken, Fühlen, Glauben und Wollen auf positive Möglichkeiten »programmiert« wird. M. Czierwitzki macht auf die große Chance des Menschen aufmerksam:

»Wir haben die Fähigkeit, durch bewußte Kooperation mit der kosmischen Intelligenz, die wir über unsere eigenen Gedanken ansprechen und für unsere Ziele einsetzen können, alle auftretenden Probleme positiv zu lösen. Diese Fähigkeit hat jeder Mensch, sie ist ein Geburtsrecht.«[2]

4. Die Lehre des »Positiven Denkens«

a) Wie man die Kraft der Vorstellung so steuert, daß sich das Leben verändert

Patricia Mischell berichtet in ihrem Buch »Denk positiv!« aus ihrem Leben, wie aus Hoffnungslosigkeit durch »Positives Denken« neue Hoffnung wurde:

---

[1] Freitag, S. 105.
[2] Czierwitzki, S. 68.

»Vor zehn Jahren, während ich als Büroleiterin tätig war, begann meine Welt aus den Fugen zu geraten. Meine rheumatische Arthritis verschlimmerte sich, ich war nicht mehr in der Lage zu arbeiten und konnte kaum noch meine Kinder ernähren. Mein Mann hatte mich verlassen, und da ich keinen Unterhalt für die Kinder erhielt, sah ich mich gezwungen, Sozialhilfe zu beantragen… Ich litt unter ständigen Schmerzen und sah nur eine Zukunft für mich: als Sozialhilfeempfängerin im Rollstuhl. Ich fühlte mich wertlos, körperlich am Ende und geistig ohne jede Hoffnung. Da gab mir jemand das Buch ›Die Macht Ihres Unterbewußtseins‹ von Dr. Joseph Murphy in die Hand. Darin erfuhr ich, daß unsere Gedanken etwas Reales sind und sich, was immer wir denken und an unser Umfeld weitergeben, in unserem Leben manifestiert werden. Diese Vorstellung eröffnete mir das Tor zur Freiheit. Für mich begann ein Suchen, das ununterbrochen andauerte… Ich suchte nach Erlösung von meinen Schmerzen und stieß dabei auf eine Bewußtseinstechnik, die Erfolg versprach. Je mehr ich über die Macht der Gedanken und Ideen las und darüber, welche Rolle sie in meinem Leben spielen konnten, um so offener und wissensdurstiger wurde ich. Zwei- oder dreimal täglich affirmierte ich nun: ›Mein Körper ist vollkommen und heil. Jede Zelle ist vollkommen und heil. Jeder Knochen ist vollkommen und heil‹. Beachten Sie bitte, daß ich bejahend sagte, mein Körper ist, nicht mein Körper wird sein. Darüber hinaus arbeitete ich mit Visualisation. Vierunddreißig Sekunden lang sah ich mich vor meinem geistigen Auge gesund und vollkommen – so, wie ich es zu einer anderen Zeit in meinem Leben gewesen war. Ich spürte mich dabei und erinnerte mich, wie es ist, wenn man sich wohlfühlt. Und ich meditierte jeden Tag dreißig Minuten. Nach sechs Monaten fing mein Körper an, auf die Ideen, die ich ihm gab, zu reagieren. Mein Geist, meine Welt und mein Leben begannen eine neue Wahrheit, einen neuen Anfang zu finden. Wie Dr. Murphy erlebte auch ich eine vollständige Heilung. Und deshalb habe ich mein Leben der Aufgabe gewidmet, andere das zu lehren, was ich durch meine Erfahrungen und Studien selbst lernte.«

Weiter schreibt P. Mischell, und sie gibt damit eine Erklärung ab für ihre wunderbare Heilung:

»Mein Unterbewußtsein benötigte sechs Monate, um eine Besserung meiner rheumatischen Arthritis zu bewirken. *Um diese wundersamen Kräfte zu erschließen, müssen Sie lediglich Ihre Ge-*

danken und Vorstellungen durch Wiederholung, Glaube und Erwarten an Ihr Unterbewußtsein übermitteln.« [1]

b) Die wunderwirkende Kraft des Unterbewußtseins

Erste Aufgabe des Unterbewußtseins ist es, für den geordneten Ablauf der komplizierten Körperfunktionen zu sorgen. So steuert es den Herzschlag, den Blutkreislauf und den gesamten Verdauungs- und Ausscheidungsablauf.

Seine zweite Aufgabe ist es, wie wir bereits gesehen haben, alle Informationen, die dem Unterbewußtsein zugeführt werden, dort verläßlich abzuspeichern. Es ist wichtig zu wissen, daß jede Information in diesem Speicher so sorgfältig abgelegt wird, daß sie von selbst nicht mehr ins Bewußtsein zurückkehrt, es sei denn, sie werde von dort abgerufen.

Das Unterbewußtsein ist jedoch in der Lehre vom »Positiven Denken« weit mehr als nur ein mächtiger Informationsspeicher.

»Mit Hilfe der gespeicherten Informationen sorgt Ihr Unterbewußtsein dafür, daß Sie alles bekommen, was Sie fordern – und es nimmt Sie beim Wort. Sagen Sie ihm: ›Das kann ich mir nicht leisten‹, dann wird Ihr Bewußtsein dafür Sorge tragen, daß Ihnen das Geld fehlt, um sich das Gewünschte zu kaufen. Sagen Sie ihm: ›So was Dummes kann ich nicht tun‹, dann wird Ihr Bewußtsein Ihre Kreativität lahm legen, so daß Sie tatsächlich nicht fähig sind, das zu tun, von dem Sie sagten, Sie könnten es nicht tun. Affirmieren Sie dagegen: ›Durch die Macht meines Unterbewußtseins ist mir alles möglich‹, werden Sie über alle Geldmittel und Fähigkeiten verfügen, die Sie benötigen…«[2]

Das Unterbewußtsein verfügt, wie die Lehre vom »Positiven Denken« geltend macht, über eine unendliche Macht. Erhard F. Freitag spricht in diesem Zusammenhang von der *»Kraftzentrale Unterbewußtsein«,* die Quelle aller Ideale, Strebungen und Zielsetzungen sein soll. So lesen wir bei J. Murphy auch:

»Welchen Gedanken Sie Ihrem Unterbewußtsein einprägen mögen, es wird Himmel und Erde bewegen, um ihn zu verwirklichen… Zersetzende und böse Gedanken werden Negativ-Gefühle verursachen, die ihrerseits nach Ausdruck und Verwirklichung

[1] Mischell, S. 11 f.
[2] Mischell, S. 42.

drängen. Aufgrund ihrer negativen Natur nehmen sie häufig die Gestalt von Magengeschwüren, Herzleiden sowie nervöser Furcht- und Angstzustände an... Baden Sie (deshalb) Ihr Unterbewußtsein in einer Flut lebensspendender Gedanken, und alle negativen Denkgewohnheiten und selbstzerstörerischen Vorstellungen der Vergangenheit werden spurlos ausgelöscht.«[1]

Auf die Frage, wie man sich die Kräfte des Unterbewußtseins dienstbar machen könne, antwortet Murphy:

»Ihr Bewußtsein müssen Sie zunächst einmal davon überzeugen, daß das Schicksal in jeder Beziehung nur das Beste für Sie bereit hält, wenn Sie Ihre Gedanken nur noch auf das Gute, Schöne, Edle, Wahre und Gerechte richten. Stellen Sie ihr bewußtes Denken auf eine ausschließlich positive Grundlage, im festen Glauben daran, daß Ihr Unterbewußtsein ununterbrochen damit beschäftigt ist, Ihre Gedanken auszudrücken und zu verwirklichen... Sagen Sie deshalb aus voller Überzeugung: ›Die unendliche Heilkraft meines Unterbewußtseins durchströmt mein ganzes Sein; sie nimmt sichtbare Gestalt an als Harmonie, Gesundheit, Friede, Freude und materieller Überfluß.‹«[2]

Nach der Lehre des »Positiven Denkens« ist es das Grundgesetz des Geistes, ja das große Gesetz des Lebens überhaupt, daß, was immer auch dem Unterbewußtsein eingeprägt wurde, seinen Ausdruck findet. Das hindert Dr. Murphy nicht, im Unterbewußtsein einen »weisen und liebevollen Gefährten« zu sehen, an den zu glauben es gelte.

»Glauben Sie aus vollem Herzen daran, daß seine Kräfte Sie beleben, erleuchten und mit Wohltaten überhäufen.«[3]

Dr. Murphy weiß von der Heilung einer bösartigen Hauterkrankung zu berichten, die er am eigenen Körper erlebt hatte. Er wurde dadurch *geheilt, daß er durch Affirmation* – er nennt es Gebet – *die wunderwirkende Kraft seines Unterbewußtseins aktivierte.* Er schreibt darüber:

»Ich hatte nichts anderes getan, als meinem Unterbewußtsein die lebensspendenden Denkmodelle der Gesundheit, Schönheit und Vollkommenheit eingegeben, um damit die negativen Vorstellungen und Denkgewohnheiten zu löschen, die sich dort einge-

---

[1] Murphy, S. 49 f.
[2] Murphy, S. 54.
[3] Murphy, ebd.

prägt hatten und die eigentliche Wurzel alles Übels gewesen waren.«[1]

c) Durch Psychotechnik zum Erfolg

Doch wie soll die wunderwirkende Kraft des Unterbewußtseins aktiviert werden? Da ist an erster Stelle die *Affirmation* zu nennen. Das Wort affirmieren bedeutet: zustimmen, etwas bekräftigen, etwas bejahen.

»Eine Affirmation ist eine Feststellung, daß etwas wahr ist. Wenn Sie diese Feststellung machen, glaubt Ihr Unterbewußtsein an ihre Richtigkeit. Und benutzen Sie eine Affirmation immer und immer wieder, so wird sie sich als Wahrheit in Ihrem Leben manifestieren... Gedanken, die Sie ins Universum ausschicken, werden schließlich wieder in Ihrem Leben erscheinen. Schicken Sie positive Gedanken aus, so stellt sich Positives ein. Wenn Sie Ihre Wunschvorstellungen in Gedanken bewußt und beharrlich affirmieren, werden sie Eingang in Ihr Unterbewußtsein finden und sich schließlich realisieren.«[2]

Frau Mischell nennt folgende Grundaffirmation, die geeignet sei, die täglichen Affirmationen zu stärken:

»Ich bringe nun eine neue Kraft zum Fließen, die in meinem Leben einen stetigen Strom von Liebe, Gesundheit und Glück erzeugt und meine potentiellen Begabungen und Fähigkeiten freisetzt.«[3]

Nach der Lehre des »Positiven Denkens« erreicht jede Affirmation unter gewissen Bedingungen das Unterbewußtsein. So sei der Erfolg um so gewisser, als sich das Unterbewußtsein nicht allein vom Wort beeindrucken lasse, sondern noch viel mehr von den begleitenden Gefühlen. Indem wir empfinden, daß etwas so ist, wie wir es mit Worten affirmieren, erreicht es das Unterbewußtsein und bewirkt dort etwas. Auch sei es unerläßlich, daß der Affirmierende an die Wahrheit und die Wirkung seiner Worte glaube.

An zweiter Stelle ist die *Macht der Vorstellungskraft* oder der Imagination zu nennen. Man spricht in diesem Zusammenhang von der sogenannten *Visualisation.* So wissen wir aus der Psycho-

---

[1] Murphy, S. 57.
[2] Mischell, S. 143.
[3] Mischell, S. 144.

logie der Kinder, daß diese oftmals ohne besondere Schwierigkeiten mit dem gehörten bzw. gelesenen Wort Bilder verbinden, die sie real vor sich sehen. Es ist für uns Heutige gar keine Frage mehr, daß die Intensität eines Bildes bei weitem stärker und nachhaltiger ist als die eines Wortes. Diese Erkenntnis hat sich die Lehre des »Positiven Denkens« zu nutze gemacht. Es wird empfohlen, sich zunächst durch bestimmte Übungen zu entspannen und dann das im Geiste zu visualisieren, was man zuvor affirmiert hat. Frau Mischell schreibt:

»Wenn Sie ein geistiges Bild vierunddreißig Sekunden halten können, wird es sich in Ihr Unterbewußtsein einprägen und in Ihrem Leben manifestieren.«[1]

d) Die Macht der Suggestion

Wir haben das Unterbewußtsein als eine mächtige Kraft- und Schaltzentrale kennengelernt. Dabei haben wir erkannt, daß es einen Zugang zu dieser Zentrale gibt, der über eine gezielte Beeinflussung und die Erweckung bestimmter Vorstellungen erschlossen werden kann. Tatsächlich kann der Wille über Suggestionen in eine gewünschte Richtung gelenkt werden. Diese Erkenntnis findet in den verschiedensten Sachgebieten der Gesellschaft Anwendung, nicht zuletzt in der Wirtschaft und in der Politik.

Doch der Zugang zur Kraft- und Schaltzentrale Unterbewußtsein erfolgt in der Regel über das Wachbewußtsein. Man hat es deshalb auch schon als den »Wächter am Tor« bezeichnet. Ihm kommt die wichtige Aufgabe zu, das Unterbewußtsein vor unerwünschten und negativen Eindrücken zu bewahren. Außer der Autosuggestion, also der Beeinflussung durch das eigene Ich, ist die Fremdsuggestion von Bedeutung. Mit Hilfe von Psychotechnik ist es möglich, auf andere zwingend einzuwirken, falls diese sich nicht willentlich dem Einfluß entgegensetzen.

Mit Suggestion erfolgreich zu wirken, bedeutet also, die Kraft- und Schaltzentrale Unterbewußtsein entsprechend den Gesetzen des Geistes zu aktivieren. Daß durch ständig wiederholte Worte eine allmähliche aber dennoch gewisse Bewußtseinswandlung zustande kommt, ist eine Erkenntnis, die sich sowohl Politiker als

---

[1] Mischell, S. 22.

auch Kinder zunutze machen, um ihren Willen in einer bestimmten Sache durchzusetzen.

Voraussetzung für eine erfolgreiche Autosuggestion ist neben dem *Eindringen* das *Haften im Unterbewußtsein.* Oftmals verhindern wir durch unsern Verstand und durch unsern Willen, womit wir unsere Reaktionen steuern, gerade das Eindringen und Haften. Deshalb wird von allen, die die Beeinflussung des Unterbewußtseins durch Suggestion praktizieren, auf die Notwendigkeit von Entspannung hingewiesen. Diese wird dann als eine Art »Nach-innen-Horchen« beschrieben.

»Entspannung bedeutet vor allem auch Loslassen von allen äußeren Reizen... Wichtig ist die Erkenntnis: Je tiefer die Entspannung und geistige Wendung nach innen, um so leichter ist das Unterbewußtsein zugänglich.«[1]

Freilich bedeutet Entspannung auch das *Loslassen von negativen Einstellungen, von Sorgen* und *von Ängsten.* E. Freitag bietet dem Leser in seinem Buch »Kraftzentrale Unterbewußtsein« einen ganzen Katalog von Suggestionen zur individuellen Auswahl für alle Fälle des alltäglichen Lebens an: Allgemeine Suggestionen für körperliche und geistige Gesundheit, Suggestionen bei Schlaflosigkeit, Schuldgefühlen und Nervosität, Suggestionen bei Depressionen, Angstgefühlen und Minderwertigkeitskomplexen, Suggestionen für Raucher, um von dieser Bindung frei zu werden, usw.

Immer kommt es bei der Autosuggestion darauf an, daß das Unterbewußtsein die rechte, positive Motivierung erfährt, damit der Mensch zufrieden, glücklich und gesund wird. E. Freitag schreibt:

»Suggestionen, die auf den vier Sehnsüchten nach Gesundheit, Harmonie, Liebe und Erfolg aufbauen, haben den Charakter eines Gebets. Sie nähern sich damit ihrem göttlichen Selbst, ihrem gottgegebenen Kern und erfüllen damit die Aufgabe, die den Sinn unseres Lebens ausmacht: *eins zu werden mit unserem geistigen Zentrum.* Sie formen sich aus dem, was Sie denken! Wer sich diesem Training voll verschreibt, braucht immer weniger Hilfe von außen, von anderen Menschen. Wenn andere zum Arzt laufen und sich gegen die kleinen Alltagsbeschwerden Tabletten verschreiben lassen, dann sammeln Sie eigene Energien in Ihre Tiefe

---

[1] Freitag, S. 93.

und schwemmen Sie mit eigener Kraft alles Störende aus sich heraus.«[1]

e) Das verborgene Potential, das erschlossen werden soll

Jeder Mensch besitzt nach der Lehre des »Positiven Denkens« ein weithin verborgenes Kräfte-Potential, das aktualisiert werden kann. Immer wieder stellt es sich heraus, daß Menschen auf ihre ungeahnten Fähigkeiten erst dann aufmerksam werden, wenn sie plötzlich vor neue, schwierige Aufgaben gestellt werden. Dann erst erkennen sie, daß ihr Potential bei weitem noch nicht ausgeschöpft ist, daß sie noch über beachtliche Kräftereserven verfügen und auf diese zurückgreifen können.

Carl Rogers, der Begründer der sogenannten Gesprächstherapie, hat auf die »Kraft des Guten« im Menschen in jüngster Zeit immer wieder aufmerksam gemacht. Mit seinem leidenschaftlichen »Appell zur Selbstverwirklichung«, so der Untertitel eines Buches, erinnert er an die *Selbstverwirklichungstendenz im Menschen,* daran, daß die Kraft für »normales Wachsen und Entfalten« nirgends anders als im Menschen selbst gesucht werden müsse. Denn jeder Mensch sei im Grunde »ein vertrauenswürdiger Organismus«. Carl Rogers ist der Meinung, und diese ist für viele maßgeblich, daß *»das Individuum in sich selbst ein ungeheures Potential zur Selbsterkenntnis und zur Veränderung seines Selbstkonzepts, seiner Einstellung und seines selbstbestimmten Verhaltens trage – und daß dieses Potential freigesetzt werden könne«.* Carl Rogers ist davon überzeugt, daß »in jedem Organismus, auf welcher Entwicklungsstufe er auch stehen mag, Kräfte wirksam (sind), die ihn zu einer konstruktiven Erfüllung seiner inhärenten (an etwas haftenden) Möglichkeiten drängen. Der Mensch hat eine angeborene Tendenz zur vollständigen Selbstentfaltung.«[2]

Auch Heinz Ryborz, Professor an der Gesamthochschule Siegen, fordert dazu auf, sich ein *gesundes Selbstbewußtsein* anzueignen und an die eigenen Möglichkeiten des Unterbewußtseins zu glauben:

»Man kann nicht oft genug herausstellen, wie notwendig es ist,

---

[1] Freitag, S. 126.
[2] Carl Rogers, Die Kraft des Guten, Frankfurt 1985, S. 18.

eine positive Meinung über sich selbst zu haben und an die eigenen Entwicklungsmöglichkeiten zu glauben. Wer das nicht tut, wird nie ein erfülltes Leben führen... Seien Sie von Ihrem eigenen Wert überzeugt... Ihnen wohnt eine immense Kraft inne, die Kraft Ihres Geistes, durch den Sie Anteil haben an dem unendlichen Geist – oder dem Geist Gottes – oder das universelle Prinzip – als die Energie, die alles Leben ermöglicht. Und dieses Göttliche ist in jedem Menschen – auch in Ihnen. Das Göttliche in Ihnen ermöglicht es Ihnen, sich schöpferisch zu entfalten, zu wachsen und zu reifen. Jeder Mensch verfügt über diese Möglichkeit.«[1]

Heinz Ryborz gibt jedoch zu bedenken, daß sich das Göttliche im Menschen nur dann zu entfalten vermag, wenn sich der Mensch selbst entfaltet.

Da nicht wenige Menschen nur sehr schwer einen Zugang zu ihrem Selbst finden, empfiehlt ihnen Frau Mischell, diesen Zugang über die Affirmation zu erschließen. Sie schreibt:
»Wenn Sie nicht wissen, wo Ihr wahres Potential liegt oder daran zweifeln, über ein solches Potential zu verfügen, sollten Sie *tief in Ihr Inneres schauen.* Sprechen Sie täglich eine Affirmation und Sie werden Ihr Potential entdecken. Die Affirmation könnte folgender Art sein: ›Ich bitte mein Höheres Selbst, sich in diesem Augenblick zu offenbaren und mir mein wahres Potential in diesem Leben zu zeigen.‹«[2]

Bei der Verwirklichung des menschlichen Potentials bedeutet die Fähigkeit zur Imagination eine wesentliche Hilfe. Dabei ist es wichtig, daß die »grenzenlose schöpferische Vorstellungskraft« mit dem Glauben an die eigene Kraft zur Verwirklichung verbunden wird: daß der Mensch seine Chance, *Steuermann seines Lebens* zu sein, auch wahrnimmt. Auf diese Weise wird das Imaginieren zur Selbsthypnose.

f) Die Bedeutung des Selbstbildes

In seinem Buch »Die Kraft des positiven Denkens« erzählt Dr. Peale die Geschichte von einem persischen Prinzen. Diese Ge-

---

[1] Heinz Ryborz, Das Abenteuer, sinnvoll zu leben, Genf 1984, S. 67.
[2] Mischell, S. 38.

schichte ist in besonderer Weise geeignet, die Bedeutung des Selbstbildes und die Macht des Unterbewußtseins zu illustrieren:

»Der Prinz war mit einem Buckel zur Welt gekommen. Am zwölften Geburtstag war der Vater bereit, dem Sohn jeglichen Wunsch zu erfüllen. Die Überraschung des Vaters war groß, als sich der Sohn eine Statue von sich selbst wünschte. Es sollte ein Standbild von ihm selbst sein, jedoch mit einem geraden und wohlgeformten Körper. Als das Standbild dann fertig war, wurde es auch im Garten des Palastes aufgestellt. Jeden Morgen und jeden Abend stellte sich der Prinz für kurze Zeit vor das Bild und affirmierte: ›Das bin ich. So werde ich heranwachsen. Dies ist mein Gesicht, mein Körper. So werde ich für andere aussehen.‹ Dieser ›Traum‹ wurde zum Selbstbildnis des Prinzen, das tief in seinem Herzen (Unterbewußtsein) Wurzeln schlug. Kein Wunder, daß er sich während des Schlafes jede Nacht etwas mehr streckte, daß er auch mit jedem Tag etwas aufrechter ging. Als er schließlich zum Mann erwachsen war, ging er aufrecht und groß; er hatte sich seinem Standbild angeglichen.«

Aus der Geschichte von dem persischen Prinzen erkennen wir, wie wichtig das Selbstbild ist, das sich jemand macht. Es bestimmt sowohl die Meinung über sich als auch das Verhalten. Wenn wir uns selbst lieben und ein positives Selbstbild von uns haben, dann fällt es uns nicht schwer, Selbstvertrauen zu finden. Der Prinz hatte sich die Technik der Affirmation, der Visualisation und der Programmierung des Unterbewußtseins angeeignet und über das »Positive Denken« eine radikale Erneuerung erfahren.

Das Beispiel vom persischen Prinzen macht aber auch deutlich, wie wichtig es ist, daß man sich (für alle Lebensbereiche) Ziele setzt und diese mit Beharrlichkeit verfolgt, d.h. mit dem Glauben verbindet.

g) Das Höhere Selbst, und wie man mit diesem in Verbindung kommt

Mit der Frage nach dem Höheren Selbst wird die eigentlich religiöse Dimension der Lehre vom »Positiven Denken« erschlossen. Doch was ist das »Höhere Selbst«? Für die Vordenker dieser religiös-psychologischen Lehre ist der Begriff »Höheres-Selbst« austauschbar mit andern Begriffen wie z.B. Gott, göttliche Vorsehung, unendliche Intelligenz, höchstes Lebensprinzip, kosmische

Energie usw. Eines soll gewiß nicht darunter verstanden werden, nämlich der persönliche, lebendige Gott, der sich geoffenbart hat und in seinem Wort zu uns Menschen redet.

Frau Mischell sagt:

»Ihr Höheres Selbst ist die treibende Kraft, die hinter Ihren edelsten Taten, Ihren zärtlichsten Augenblicken der Liebe und Ihren höchsten Einsichten steht. Ihr Höheres Selbst existierte lange, bevor Ihr Körper und Ihre Persönlichkeit entstanden (!). Es ist die Existenz des höchsten Wesens in Ihnen… Ihr Höheres Selbst steht bereit, Ihnen als wahrer Führer zu dienen.«

Sie schreibt sehr aufschlußreich weiter:

»Für viele Menschen ist das Konzept einer innewohnenden Gegenwart oder Wesenheit eines Höheren Selbst schwer zu fassen, da sie immer zu einem Gott gebetet haben, den sie sich irgendwo im Himmel vorstellten.«

Und sie fährt dann fort:

»Der Himmel ist um uns… Sie müssen nur erkennen, daß das Himmelreich die Gegenwart Ihres Höheren Selbst ist. Es ist der innere Friede, den Sie empfinden. Das Himmelreich ist ein Geist, frei von Qualen – es gibt kein Alter und keinen Verfall… Wenn Ihnen jemals jemand erzählt hat, es würde selig machen, wenn man seines redlichen Denkens wegen verfolgt wird, weil auch die Propheten und Heiligen verfolgt wurden, glauben Sie es nicht! Verfolgung liegt nicht im Willen des Höheren Geistes, vielmehr ist sein Ziel Friede und Freude, Liebe und Harmonie.«[1]

Frau Mischell als Lebensberaterin empfiehlt dem angefochtenen Zeitgenossen, er solle sich aus geistiger, körperlicher und spiritueller Knechtschaft *selbst befreien.* Er müsse, um das zu erreichen, vor allem aufhören, ein Sklave seiner Gewohnheiten, seines negativen Denkens, seiner Vergangenheit zu sein.

»Lernen Sie Ihr Selbst als Ihren Urquell zu betrachten. Wenden Sie sich, wenn Sie immer etwas brauchen, an Ihr Höheres Selbst, und Sie werden es erhalten… Nehmen Sie sich jeden Tag etwas Zeit (Stille Zeit!), um mit Ihrem Höheren Selbst zusammen zu sein… Verabreden Sie sich täglich für eine halbe Stunde mit Ihrem Höheren Selbst. Wenn Sie es erst recht beherrschen zu meditieren, werden Sie feststellen, daß alle Ihre Probleme sich in ein

---

[1] Mischell, S. 32 f.

Nichts auflösen. Sie werden nicht mehr Zorn, Ungeduld, Depressionen oder Angst spüren wie einst...«[1]

Frau Mischell beschreibt die verschiedenen Stufen der Meditation, die zur inneren Ruhe, der Selbstfindung führen.[2] Sie bemerkt aber auch, daß es auf diesem Weg zu *unvorhergesehenen Nebenwirkungen* kommen könne. Bei vielen Menschen würden sich telepathische Fähigkeiten (Gedankenlesen, Erfassen seelischer Vorgänge ohne Vermittlung durch die Sinnesorgane) wie auch Hellhörigkeit und Hellsichtigkeit einstellen bzw., wenn schon vorhanden, noch verstärken.

---

1 Mischell, S. 130.

2 Vgl. auch Robert Schuller, Der Weg zur inneren Ruhe, Landsberg 1986.

V. Die Fehlsteuerung durch das Programm der Positiven Selbstentfaltungs-Lehre. Wertung aus biblischer Sicht

Die Lehre des »Positiven Denkens« bedeutet eine Herausforderung für den Christen. Zwar weiß er, daß Gott es möchte, daß seine Geschöpfe positive Gedanken haben sollen, Gedanken eines herzlichen Vertrauens zu ihm, Gedanken der Zuversicht und der Hoffnung. Denn »sorgenvolles Denken ist eine zerstörerische Macht. Verzagtheit und Entmutigung führen (nicht selten) zu Depressionen. Dunkle, trübe Grübeleien bringen Angstzustände.«[1]

Die Kritik richtet sich also nicht gegen positive Gedanken, Gefühle und Verhaltensweisen überhaupt, sondern gegen die Lehre des »Positiven Denkens«, wie sie uns bei Peale, Murphy, Freitag u.a. begegnet. *»Positives Denken« hat seine Grenzen;* wir können durch positive Gedanken nicht alles erreichen, was wir wollen. Und diese Grenzen »mit gesundem Menschenverstand... zu leugnen und zu glauben, der Geist könne sich sein eigenes Universum schaffen, bedeutet den Eintritt ins Okkulte.«[2]

Eine weitere Herausforderung bedeutet diese religiös-psychologische Lehre des »Positiven Denkens« für Christen und für die christliche Gemeinde deshalb, weil sich ihre Vordenker immer wieder auf die christliche Lehre beziehen und ihre Therapie mit Bibelzitaten abstützen.

Als Christen sind wir *zur Unterscheidung der Geister herausgefordert,* dies insbesondere, wenn sich eine geistige Therapie auf Gott und auf die Bibel beruft. Bibelworte, die von den Vertretern der Lehre des »Positiven Denkens« mit Vorliebe gebraucht und aus dem Zusammenhang genommen werden, sind:

– »...ich vermag alles durch den, der mich mächtig macht« (Phil 4,13).

---

[1] Kurt Scherer, Die Macht der Gedanken, Adelshofer Impulse, Heft 2.

[2] Vgl. dazu Dave Hunt/T.A. McMahon, Die Verführung der Christenheit, Bielefeld 1985.

- »Alles, was ihr bittet in eurem Gebet, glaubt nur, daß ihr's empfangt, so wird's euch zuteilwerden« (Mk 11,24).
- »...alle Dinge sind möglich dem, der da glaubt« (Mk 9,23).
- »Weiter, liebe Brüder: Was wahrhaftig ist, was ehrbar, was gerecht, was rein, was liebenswert, was einen guten Ruf hat, sei es eine Tugend, sei es ein Lob – darauf seid bedacht« (Phil 4,8).

Patricia Mischell bringt am Ende ihres Buches »Denk positiv!« ein Verzeichnis über eine Reihe von Psalmen für die verschiedenen Situationen des Lebens, die neben vielen anderen Gebeten für alle Bereiche des alltäglichen Lebens als Affirmationen gebraucht werden sollen. Sie sagt dazu:

»Inspiriert durch den Höheren Geist sind die Psalmen eine uralte Quelle für Erquickung und Trost. Sie wurden in der Vergangenheit für persönliche wie für öffentliche Gebete verwendet.«[1]

Frau Mischell stellt das Gebet als eine besondere Hilfe heraus, um eine neue Weltsicht zu finden und um jene Kraft zu entdecken, die ein bisher ungeahntes geistiges Potential zu erschließen vermag.

Auffallend bei den Positiven Denkern ist ihre *Kritiklosigkeit,* mit der sie ihren eigenen Wünschen, ihrem Erfolgsstreben und ihren egoistischen Lebenszielen begegnen. E. Freitag ist der Auffassung, daß Probleme wälzen oder gar die Frage nach der Schuld zu stellen, Zeichen eines herkömmlichen und falschen Denkens seien. Auch er bringt es deutlich zum Ausdruck, daß gerade der Intellekt der größte Widersacher sei auf dem Wege, sich in die unbewußte Tiefe des Unterbewußtseins fallen zu lassen, wo doch die Hauptkräfte des eigentlichen Lebens vorgefunden würden.

Weiter ist zu fragen, ob die Werte wie Gesundheit, Harmonie, Erfolg wirklich die höchsten Lebensziele des Christen sein können, die es direkt, d.h. auf dem Weg einer positiven Selbst-Entfaltung anzustreben gilt. Weisen die Lebensziele der Bibel nicht darüber hinaus, nur das eigene, persönliche Wohlergehen im Auge zu haben, nur seine Selbstverwirklichung zu suchen? Ist es nicht der erklärte Wille Gottes, daß wir Menschen als seine Geschöpfe nach seinen Maßstäben fragen und dadurch glücklich leben sollen? Es ist nicht zu übersehen, daß Jesus im Zusammenhang mit dem Glauben und mit der Nachfolge davon spricht, sein Selbst zu verleugnen und sein Kreuz auf sich zu nehmen.

---

[1] Mischell, S. 157.

Sagt uns denn Jesus nicht selbst, daß der sein Leben verlieren werde, der es mit allen Mitteln zu erhalten suche. Auch zeigt uns die Bibel, daß wir gar nicht dazu fähig sind, aus uns selbst heraus, d.h. aus der »Kraftzentrale Unterbewußtsein«, Gutes hervorzubringen. Im Gegenteil: Der Apostel Paulus hat bezüglich der Möglichkeit des Menschen ohne den persönlichen Gott eine eher pessimistische Sicht:

»Wollen habe ich wohl, aber das Gute vollbringen kann ich nicht« (Röm 7,18b).

Während nach der Bibel die Sünde darin besteht, daß wir von Gott getrennt leben, und daß diese Trennung immer wieder in unserem Ungehorsam und in unserer Auflehnung gegen Gott zum Ausdruck kommt, will uns die Lehre der Positiven Selbstentfaltung glaubhaft machen, *unsere Sünde* bestehe allein darin, daß wir *das Vertrauen zu uns selbst und zu unseren Möglichkeiten verloren hätten.* Alles Übel der Menschen rühre daher, daß sie die geistigen Gesetze des »Positiven Denkens« mißachteten. Nach Murphy ist die Sünde gar nicht wirklich, denn in Gottes Sicht sei der Mensch »makellos«. Die Sünde liege nicht im Wesen des Menschen, sondern in seiner (noch) mangelhaften Erkenntnis. Sünde ist also nicht Zielverfehlung des Lebens, wie es die Bibel sieht, sondern Sinnverfehlung, indem man die echte Selbstverwirklichung verfehlt.

Auch unterscheidet sich das Gottesbild des »Positiven Denkens« wesentlich von jenem der Bibel, die von einem unendlichen und zugleich persönlichen Gott redet. Der Gott der Bibel begegnet seinem Geschöpf mit Zuspruch und mit Anspruch, mit Gabe und mit Forderung:

»Es ist dir gesagt, Mensch, was gut ist, und was der Herr von dir fordert, nämlich Gottes Wort halten und Liebe üben und demütig sein vor deinem Gott« (Mi 6,8).

Bei Murphy jedoch ist *Gott «die unendliche Heilkraft, die göttliche Vorsehung oder einfach die Natur, das Leben, das Lebensprinzip«*. Er sagt:

»Psychologisch gesehen wird Gott für Sie das, als was Sie ihn betrachten... Ob Sie ihn göttlicher Geist, höchstes Wesen, Lebensprinzip, lebendiger Geist oder schöpferische Allmacht nennen, es tut nichts zur Sache.«[1]

Das bedeutet doch, daß es der Mensch ist, der sich seinen Gott

---

[1] Murphy, in: Die Macht Ihres Unterbewußtseins.

kraft seiner Phantasie selbst schafft. Glauben heißt dann nach der Lehre des »Positiven Denkens« schlicht, »etwas als wahr akzeptieren« und »voll gläubigen Vertrauens (sich) auf die unbegrenzte Macht des Unterbewußtseins zu verlassen«.[1]

Der Mensch braucht an keine Macht außerhalb von seinem Selbst zu glauben. Durch Programmierung seines Denkens kann er selbst sein Leben so verändern, wie es ihm beliebt. Murphy erinnert seine Leser immer wieder daran, daß, wenn sie Gutes dächten, Gutes auch die Folge sei, wie auch schlechte Gedanken zu einem verfehlten Leben führten.

Murphy lehrt den Glauben an sich selbst, an die Fähigkeit der eigenen Selbst-Entfaltung durch positive Gedanken. Und das heißt, an die im Unterbewußten schlummernden Kräfte zu glauben.

Ohne Zweifel spielt die Autosuggestion eine sehr wichtige Rolle in der Lehre vom »Positiven Denken«. Gemeint ist die Selbstbeeinflussung in eine bestimmte Richtung immer mit dem Ziel, die *Selbstheilungskräfte des Menschen zu aktivieren.* Behauptet wird nicht weniger, als daß das Unterbewußte, jene »Kraftzentrale«, Wunder und Heilung bewirken könne, vorausgesetzt, daß diese Quelle erschlossen wird. Dem Unterbewußtsein wird also heilende Kraft zugesprochen, es gelte nur, an die Kräfte des Unterbewußtseins zu glauben und diese durch geeignete Psychotechnik sich nutzbar zu machen. Gefordert sei dabei neben dem Glauben Tatkraft und Ausdauer, denn es brauche unter Umständen sehr lange, bis die heilende Kraft des Unterbewußtseins zu wirken anfange. Wenn aber jeder selbst seines Glückes Schmied ist, dann trägt er auch die alleinige Verantwortung dafür, wenn Glück, Erfolg, Gesundheit und Harmonie in seinem Leben ausbleiben!

Daß über die autosuggestive Methode Wirkungen erzielt werden, ist unbestritten, wie man ja auch durch die bekannten Placeboeffekte weiß. Eine ganz andere Frage ist es, ob alle Krankheiten auf diese Weise geheilt werden können (sollen!), und ob wir in der Macht des Unterbewußtseins wirklich nur unserem verborgenen Selbst begegnen. Ist es vielleicht schon Schamanismus, wenn wir durch die Methode der »positiven Selbstanrede« in jedem Moment »unsere Selbsteinschätzung mit positiven Gedanken füttern, so unermüdlich und intensiv, daß unser Bild von uns selbst mit

---

[1] Ders., ebd.

der Zeit so geformt und umgestaltet wird, daß es neuen, höheren Anforderungen genügt«?[1]

Damit kommen wir noch zu einem Letzten! In der Lehre vom »Positiven Denken« wird das Gebet mit Autosuggestion gleichgesetzt. Doch das biblische Gebet sieht anders aus. Adressat ist nicht mein »Höheres Selbst«, sondern der lebendige Gott, der sich in seinem Wort und in der Geschichte geoffenbart hat. Dieser *Gott ist nicht identisch mit der Macht des Unterbewußtseins,* auch nicht mit dem sogenannten »Kosmischen Bewußtsein«. Die Gebete in der modernen Selbst-Entfaltungs-Lehre sind im Grund *Selbstgespräche,* denn der Beter sucht ja Hilfe bei sich selbst, im Innern seines Selbst. Murphy sagt:

»Unter einem ›wissenschaftlichen‹ Gebet verstehen wir das harmonische Zusammenwirken der bewußten und unbewußten Geisteskräfte, die mittels wissenschaftlicher gesicherter Methoden zur Verwirklichung eines bestimmten Zieles eingesetzt werden können.«[2]

Der biblische Beter hingegen wartet auf die gnädige Zuwendung Gottes im Vertrauen auf seine Barmherzigkeit und Gnade und immer unter der Voraussetzung, daß er Geschöpf und nicht Schöpfer ist, nämlich, daß Gottes Wille geschehen soll und nicht der eigene Wille.

Das System des »Positiven Denkens« bei Murphy, Freitag und Mischell ist der Versuch, Heil und Heilung aus dem Kraftzentrum Unterbewußtsein zu schaffen. Hier begegnet der Mensch sich selbst, seinem Ich, das *durch Selbsterhöhung zum Götzen* wird. Auch wenn in dieser religiös-psychologischen Lehre Bibelzitate verwendet werden, wenn von Gott, Glaube und Gebet gesprochen wird, handelt es sich dennoch um einen *konkurrierenden Gegenentwurf* zum biblischen Heilsweg und zur biblischen Heilslehre.

Das Programm der modernen Selbst-Entfaltungslehre mit seiner Vergöttlichung des Ichs ist *moderner Mystizismus.* Das bedeutet, daß der Mensch, der seine Heillosigkeit erfahren hat, sich in sich selbst versenkt, mit dem Ziel, Heil aus sich selbst heraus, aus dem in ihm selbst liegenden göttlichen Kern zu schaffen. Es ist eine *Verharmlosung des Bösen*, wenn durch »Positives Denken« die Wurzel alles Bösen ausgelöscht werden soll. Und es ist in biblischer Sicht ein geradezu gefährliches Unterfangen, wenn

---

1 Hunt/McMahon, S. 157.
2 Murphy, Die Macht Ihres Unterbewußtseins.

der Mensch glaubt, durch die Vereinigung von Bewußtsein und Unterbewußtsein ein Machtpotential erschließen zu können, über das er dann nach seinem Belieben frei verfügen kann.

Die tiefste Wurzel der Lehre des »Positiven Denkens« ist der Okkultismus, was sich besonders auch in der biografischen Dimension der Vordenker dieser Lehre zeigt. So berichtet Murphy von spiritistischen Sitzungen. Auch beklagt er, daß bei so vielen Menschen die Fähigkeit zu außersinnlichen Wahrnehmungen unterentwickelt sei oder gar unterdrückt werde.

Ja, es ist eine Frage, ob uns in der modernen Selbst-Entfaltungslehre, zu der die Bewegung des »Positiven Denkens« zählt, nicht jene uralte Versuchung des Menschen begegnet: *Sein zu wollen wie Gott.* Ist es vielleicht doch eine Verbindung von Christentum und Zauberei, wenn uns die Wissenschaft vom Neuen Bewußtsein lehrt, daß der Mensch durch sein Denken, was immer er sich auch wünscht, verwirklichen könne. D. Hunt sagt:

»Wenn wir Gott oder irgendeine kosmische Macht dazu bringen können, nach unserem Befehl zu handeln, eben durch bestimmte Gedanken oder Worte, die wir aussprechen, dann haben wir das Ziel des Zauberers erreicht: Wir sind Herr über unser eigenes Schicksal geworden und können alles erreichen, was wir wollen, einfach dadurch, daß wir fest daran glauben, daß es geschehen wird. Die Macht ist unser Glaube, und Gott selbst muß es tun, was wir von ihm erwarten, denn alles, was wir glauben, muß auch Wirklichkeit werden.«[1]

Die zentrale Frage, die gestellt werden muß, ist die, ob der Mensch durch »Positives Denken« erneuert werden kann. Wir müssen diese Frage aus der Sicht der Bibel verneinen. Das Neuwerden des Menschen als Lebensziel ist keine Möglichkeit des Menschen aus sich selbst heraus. Es ist Geschenk Gottes aufgrund des Glaubens an den auferstandenen Herrn und Heiland.

Und so ist auch der Glaube an Jesus Christus ein Werk der Gnade Gottes am Menschen. Aber wir dürfen darum bitten, daß Gott in uns durch Jesus Christus diesen Glauben wirkt, der sich dann in der Liebe als lebendig erweist.

Schließlich sollen wir Menschen nach dem Zeugnis der Bibel in das Bild Gottes neugeboren werden. Unser positives Selbstbild, das auf der Eigenliebe gründet, mag noch so wunderbar aussehen.

---

[1] Hunt/McMahon, S. 26. Vgl. dazu Kap. 9: Das Wiederaufleben des Schamanismus; Kap. 11: Christlicher Götzendienst?

Niemals aber wird es mit dem Ebenbild Gottes übereinstimmen, denn es ist ein Produkt des menschlichen, von Gott entfremdeten Geistes.

VI. Depression und »Positives Denken«

In unserem Jahrhundert gibt es mehr Menschen mit Depressionen als je zuvor. Nicht wenige unter ihnen, auch Christen, sehen im »Positiven Denken« eine Hilfe, um mit ihrer depressiven Gestimmtheit fertig zu werden. Auf diese Weise, so hoffen sie, könnten sie ihre düstere Stimmung, das Gefühl der Einsamkeit und Sinnlosigkeit, der Minderwertigkeit und Bedrohung, ja ihre ganze Traurigkeit und Verzagtheit überwinden.

Zweifellos steht die Depressivität oft in Zusammenhang mit falschen Denkmustern. Auch weisen Fachleute auf die Möglichkeit hin, Spannungen schöpferisch abzubauen, indem man »häßliche negative Gedanken in schöne positive« (Schuller) umsetzt. Wie man beim Öffnen der Fenster die abgestandene Luft durch frische Luft austauscht, so sollen negative Gedanken und Gefühle durch positive ersetzt werden.

Kann es da den von einer Depression betroffenen Menschen verwehrt werden, durch die *Kraft des »Positiven Denkens«* ihre Gedanken und Gefühle beherrschen zu wollen, ja sich selbst mehr als bisher unter Selbstkontrolle zu bringen? Wir müssen daher der Frage nachgehen, ob es nicht Aufgabe biblisch-therapeutischer Seelsorge sein kann, zu »Positivem Denken« zu ermutigen. Tatsächlich gibt es Personen, die davon berichten, wie sie durch derartige Praxis Erleichterung und Besserung, vielleicht auch Heilung ihres Zustandes erfahren haben.

1. Wie das »Positive Denken« helfen möchte

Dorthy Rowe beschreibt die Depression als »ein Gefängnis, in dem der Betroffene sowohl leidtragender Gefangener wie auch grausamer Aufseher ist«[1] Sie ist der Auffassung, daß die Depression dadurch beendet werden kann, daß der Mensch seine falschen Überzeugungen, sein verkehrtes Denken aufgibt. So wie sich der Betroffene selbst sein Gefängnis gebaut habe, so soll er sich selbst auch wieder daraus befreien. Die »positiven« Denker

---

1 Dorthy Rowe, Ich entscheide mich für das Leben, 1986, S.9.

glauben an die Möglichkeit hierzu, an die Fähigkeit des Menschen, sich selbst grundlegend zu ändern. Bei diesem Prozeß des Umdenkens und Umlernens komme es vor allem darauf an, auf sich selbst acht zu geben, nett zu sich selbst zu sein. Insbesondere gehe es darum, daß der Depressive ein positives Selbstbild gewinne. Über den Weg der Selbstbefreiung, der nicht ohne Glauben an den Erfolg gegangen werden könne, schreibt Dorthy Rowe:

»Lernen Sie als erstes Entspannungstechniken und üben Sie regelmäßig... Aber den Körper entspannen bedeutet nicht immer auch den Geist entspannen. Die alten quälenden Gedanken können nach wie vor ihr Unwesen treiben. Man muß Methoden finden, wie man seinen Geist beruhigen und entspannen kann...

Wenn wir uns Zeit nehmen, die Natur zu betrachten, oder Musik zu hören, oder ein Gedicht zu lesen, begeben wir uns in jenen stillen und konzentrierten Zustand, der das Wesen der Meditation ausmacht, denn bei der Meditation geht es darum, jenen Ort des Friedens im eigenen Innern zu finden und ihn als Quelle des Muts und der Stärke zu nutzen...«

Hilfe, ja die Heilung von einer depressiven Gestimmtheit, erwartet das »Positive Denken« aus einer *Mobilisierung der Kräfte des Unbewußten*. Selbsthilfe, eine gewaltige Anstrengung, ist in der Sicht dieser religiös-psychologischen Lehre immer noch die beste und effektivste Hilfe. Sie besteht letztlich darin, daß der Leidende ein neues Selbstvertrauen findet und bereit wird, Selbstverantwortung zu übernehmen.

Wie das in der Praxis geschehen könnte, darüber schreibt Dorthy Rowe weiter:

»Beginnen Sie mit dem Prozeß des Zentrierens, des Zurückführens der Gedanken auf sich selbst, und werden Sie sich bewußt, wo Sie sind, wie Sie sitzen, wie Ihr Körper empfindet. Sie atmen langsam und tief, und während Sie das tun, konzentrieren Sie sich auf eine Sache. Es kann Ihr Atem sein, den Sie beim Ein- und Ausatmen beobachten... Sie können an eine Farbe denken und sie mit ihrem inneren Auge betrachten. Oder Sie sagen immer wieder mit voller Aufmerksamkeit ein Wort oder eine Redewendung. Es kann ein Mandra aus der östlichen Literatur sein, oder ein Ausdruck, der besondere Bedeutung für Sie hat, etwa »Liebe und Hoffnung«, oder »Frieden und Licht« oder ein Vers, dessen Sinn wächst, je vertrauter der Vers wird.

Während Sie das tun, gehen Ihnen andere Gedanken durch den Kopf. Sie lassen sie kommen und gehen und konzentrieren sich auf Ihren Atem, Ihre Farbe, Ihr Mantra oder Ihren Vers (z.B ein

Bibelwort! P.B.). Anfangs wird Ihnen das vielleicht schwer fallen, aber Sie müssen durchhalten ... Wenn man sich entspannen, meditieren, achtsam und spontan sein will, muß man lernen, sich selbst zu vertrauen ... Hilfe kommt auf zwei Wegen – aus Ihnen selbst und von andern Menschen«[1]
Was vom »Positiven Denken« verlangt wird, ist ein Glaube, eine »positive Geisteshaltung«. Hinter diesem Glauben an sich selbst, an die Macht des Unbewußten, steht die Annahme, daß es eine unpersönliche Kraft gibt, die der Mensch mit Hilfe seines Denkens für seine Ziele gebrauchen kann. N. Peale hat das sehr offen zum Ausdruck gebracht, wenn er feststellt: »Wenn sich ein negativer Gedanke einstellt, dann gewöhnen Sie sich an, ihn mit einem positiven Gedanken oder einer positiven Aussage auszulöschen. Üben Sie großartige Aussagen regelrecht ein wie etwa: ›Das Leben ist gut‹, ›Ich glaube‹, ›Die Menschen sind wunderbar‹ oder ›Gott hat mich lieb‹. Solche Sätze erheben Sie in den Bereich unendlicher Macht.«[2]

Wir erkennen aus all dem, daß die religiös-psychologische Lehre des »Positiven Denkens« in der Annahme gründet, daß der Mensch »niederdrückende und leidgeprägte Gedanken« (Schuller) abstoßen *könne – wenn er nur wolle*, und daß er über die Fähigkeit verfüge, durch neue Gedanken ein neuer Mensch zu werden. Dieser Behauptung wird jedoch von Seiten der Bibel grundsätzlich widersprochen.

2. Unser Denken soll auf das Gute (Gottes Willen) ausgerichtet sein

Wenn – wie es heutige Erkenntnisse nahelegen – depressives Verhalten in Zusammenhang stehen kann mit einem verkehrten Denken, mit unrealistischen Einstellungen und mit falschen Werten, dann muß die notwendige Hilfe für die Betroffenen beim Versuch einer Änderung des Denkens und der Einstellungen ansetzen.

Negative Gedanken und Einstellungen sollen auf gute, aufbauende Inhalte ausgerichtet werden. Das setzt freilich die Bereitschaft voraus, daß wir unsere Gefühle und Gedanken, die Verände-

---

1 Dorthy Rowe, S. 194 f.
2 Norman Peale, zit. bei Dave Hunt: Rückkehr zum biblischen Glauben, 1988, S 61.

rungen im leiblichen und seelisch-geistigen Bereich hervorrufen, einer Prüfung durch Gott unterziehen lassen. »Erforsche mich, Gott und erkenne mein Herz; prüfe mich und erkenne, wie ich's meine; und siehe, ob ich auf bösem Wege bin und leite mich auf ewigem Wege«, so bittet der Psalmist (Ps 139,23.24).

Nicht selten resultiert eine Depression aus einem ungelösten Konflikt zwischen körperlichen oder geistigen Anforderungen einerseits und den tatsächlichen Möglichkeiten andererseits. Ebenso lassen bestimmte Erwartungen, denen man nicht gerecht werden kann, Menschen nach einiger Zeit in Hilflosigkeit versinken und innerlich zerbrechen. Auch müssen wir unsere Vernunft gebrauchen, damit wir dem Körper die nötige Zuwendung an Schlaf, Nahrung, Bewegung und Ruhe zukommen lassen – soweit das nach dem Willen Gottes möglich ist. Die Bibel fordert uns nicht nur auf, dem nachzudenken, »was wahrhaftig ist, was ehrbar, was gerecht, was rein, was liebenswert, was einen guten Ruf hat, sei es eine Tugend, sei es ein Lob« (Phil 4,8). Die Bibel ermahnt uns auch, unser Denken unter die Kontrolle des Heiligen Geistes zu bringen und uns das verkehrte Denken vergeben zu lassen. Der Apostel Paulus schreibt: »Wir zerstören ... Gedanken und alles Hohe, das sich erhebt gegen die Erkenntnis Gottes, und nehmen gefangen alles Denken in den Gehorsam gegen Christus« (2.Kor 10,5).

Wenn wir mit unseren Gedanken und mit der Tat den Willen Gottes zu tun bestrebt sind, ehren wir Gott, den Allmächtigen. Durch unser Denken und Tun wird Gottes Name »geheiligt«, wie wir es im Vaterunser-Gebet täglich aussprechen.

Mit Hilfe des Heiligen Geistes gelingt es – und das ist der entscheidende Unterschied zum »Positiven Denken« –, negative Denkmuster durch positive zu ersetzen. Allein der Heilige Geist bringt im Leben eines Menschen, der seine geistliche Armut im Denken und Tun des Guten erkannt hat und der zum Bettler vor Gott geworden ist, das Wunder fertig, sein falsches Denken zu ändern und unter die Disziplin des Geistes Gottes zu stellen. Dies bedeutet für den einzelnen einen geistlichen Kampf, dem aber im Namen Jesu Christi der Sieg verheißen ist.

Vom biblischen Zeugnis her gesehen hat niemand Veranlassung noch das Recht, seine negativen Denkmuster, die er erworben hat, zu verteidigen. Man würde die Bibel falsch verstehen, wollte man die Pflege düsterer Gedanken als gottgewolltes Leiden rechtfertigen. »Die Hauptaufgabe (des Menschen) ist es, Gott zu verherrlichen und sich seiner für immer zu erfreuen« (Westminster Katechismus).

3. Die Frage nach dem Glauben

Es ist nicht nur mißverständlich, sondern verführerisch, wenn bei den namhaften Vertretern des »Positiven Denkens« immer wieder die Rede ist vom Denken und Bekennen, obwohl in Wirklichkeit ein Glaube gemeint ist. Peale, Murphy und Freitag geben dieses Vorgehen offen zu und rechtfertigen es damit, daß der Begriff »Glaube« noch zu sehr konfessionell-religiös besetzt sei. Peale sagt es frei heraus, daß das »Positive Denken« nur ein anderer Ausdruck sei für den Glauben. Deshalb müssen wir prüfen, ob dieser Glaube wirklich dem entspricht, was die Bibel unter Glaube versteht.
Zunächst weisen wir noch einmal – um es recht deutlich zu machen auf das Credo (Glaube) des »positiv« denkenden Menschen hin, wie es von R.Schuller formuliert wurde und »immer wieder« laut auszusprechen angeraten wird:

Wenn ich auf meinem Weg plötzlich vor einem Berg stehe, gebe ich nicht auf.

»Ich kämpfe vielmehr, bis ich den Berg überwunden habe,
ich finde einen Weg, einen unterirdischen Gang,
oder ich verweile einfach und verwandle diesen Berg
mit Gottes Hilfe in eine Goldmine.«

Kurz: »*Was sich der Geist vorstellen kann, kann der Mensch verwirklichen*« (»Der Weg zur inneren Ruhe«, S. 99).

Wie wir sehen, ist der Glaube bei den »positiven« Denkern eine kosmische unpersönliche Kraft. Sie soll jederzeit und von jedermann angezapft werden können, es sei denn, man gebe negativen Gedanken Raum und liebe sich selbst nicht. Der Mensch hat es nun in der Hand, diese Kraft, die im Unbewußten schlummert, für die Verwirklichung selbst gesetzter Ziele sich nutzbar zu machen, auch zur Heilung seiner Depressionen. Er betätigt sich als eine Art Schöpfer, indem er durch Gedanken und Worte (Meditation) geistige und materielle Dinge ins Wesen ruft. Die Bibel nennt eine solche Weise der Betätigung Zauberei, (Magie).

Wie anders ist doch der Glaube der Bibel. Hier sucht der Glaubende nicht in Verbindung mit einer unpersönlichen Macht zu kommen, sondern er vertraut auf die Macht dessen, den er als

»Vater im Himmel« anrufen darf. Ausschlaggebend aus biblischer Sicht sind nicht die positiven Gedanken an sich (die wichtig sind) und der Glaube an ihre Verwirklichung. Worauf es ankommt, ist die lebendige Beziehung zu Jesus Christus und der Glaubensgehorsam. Christen glauben an einen liebenden Vater-Gott, der ihnen, wenn sie sich zu ihm kehren, Frieden und Heil geben will und es auch kann. Der biblische Befund ist in dieser Sache klar: Verändert bzw. verwandelt werden Menschen nicht durch eine Änderung ihres Denkens, sondern durch *eine neue Beziehung zu Gott* (Wiedergeburt), was wiederum ein neues Denken zur Folge hat.

Schließlich dürfen wir folgende Einsicht nicht außer acht lassen: »Wenn wir uns dem Geist von oben, seiner Zucht und Leitung entziehen, dann öffnen wir uns dem Geist von unten; wenn wir uns für Gott verschließen, öffnen wir uns dem Feind. Wenn wir uns dagegen ausstrecken für Gott offen zu sein, verschließen wir uns dem Feind. Beides ist geradezu »im Verbund« miteinander.[1]

4. Brauchen wir ein positives Selbstbild?

Von Seiten des »Positiven Denkens« wird auf ein positives Selbstbild großen Wert gelegt. Werde die positive Denkart zur Gewohnheit und die Gewohnheit zur Lebensart gemacht, so werde die Lebensart den Menschen mit »unbezahlbarem Selbstgefühl belohnen« (R.Schuller). Die Aufgabe des »Positiven Denkens« sei es, durch Selbstwertschätzung und Selbstwertfühlen zu einem positiven Selbstbild zu gelangen. Doch Selbstvertrauen und Selbstachtung, so notwendig sie für die seelisch-geistige Gesundheit sind, können niemals ihre Basis darin haben, daß sich der Mensch ein »nettes Bild« von sich selbst »einbildet« durch Suggestion und Imagination. Selbstvertrauen und Selbstachtung müssen vielmehr ihr tragfähiges Fundament darin gewinnen, daß der Mensch in Jesus Christus seine Rechtfertigung findet und sich der Heiligung durch den Heiligen Geist aussetzt.

Aus biblischer Sicht soll der Mensch in das Bild Christi umgestaltet werden. Das Selbstbild aber, wie es von der Humanisti-

[1] Fritz Grünzweig, Der Brief des Jakobus, 1973, S. 116.

schen Psychologie gefordert wird, ist ein solches, das sich der Mensch selbst schaffen muß.

Im Wissen um die Liebe, Treue und Barmherzigkeit Gottes kann es sich der Christ leisten, auf ein »eingebildetes« Selbstbild, das immer zerbrechlich sein wird, zu verzichten. Zwar wird sich auch er um seine Selbstachtung bemühen, aber das nicht ohne Selbstkritik vor Gott und seinem Gebot der Gottes- und Nächstenliebe, nicht ohne Reue und Bitte um Vergebung bei Verfehlungen und um die Zurechtbringung durch Gott.

Gerade der Mensch, der an Jesus Christus glaubt, der wohl um die Abgründe des eigenen Herzens weiß, aber auch um das wunderbare Geschenk der Rechtfertigung vor Gott durch Jesus Christus, weiß am ehesten um den schmalen Weg zwischen Selbstverliebtheit und Selbstverachtung. »Gott liebt und achtet uns nicht, weil wir so wertvoll sind, sondern wir sind wertvoll und geachtet, weil er uns liebt« (H.Thielicke).

Fazit:
Weil wir wissen, daß wir Gott, dem alleinigen Schöpfer, Erhalter und Erlöser, dem Vollender des Menschen und der Welt, die Ehre rauben, wenn wir meinen, daß wir Heilung und Heil aus uns selbst bewirken könnten, deshalb bekennen wir: »Unser Vater in dem Himmel … Dein ist das Reich, die Kraft und die Herrlichkeit!«

VII. »Neues Bewußtsein« und Erziehung

1. Vergöttlichung des Menschen

Die Hauptsorge junger aber auch älterer Menschen gilt heute der Zukunftsbewältigung, d.h. dem Überleben nicht nur des einzelnen, sondern der Menschheit insgesamt. Tatsächlich sind die Probleme der Menschheit geradezu bedrängend, eine Katastrophenstimmung macht sich breit. Zu den allgemeinen Problemen wie Krieg, Hunger, Arbeitslosigkeit, Sinnlosigkeit, Aids, Ozon-Loch kommen noch zahlreiche individuelle Nöte, die Ängste hervorrufen, wie Streß, Depressivität, Neid, Lieblosigkeit, Vergleichs- und Leistungsdenken.

Die Erkenntnis setzt sich langsam aber sicher durch, daß es einer Zusammenfassung aller vorhandenen Kräfte bedürfe, und zwar weltweit, um das Überleben abzusichern. Gefordert seien heute vor allem die sozialen Tugenden: Verständnis für den andern, Mitgefühl, Solidarität, Toleranz und Verantwortlichkeit.

»Dabei geht es darum, daß der Mensch ein neues Verhältnis zum Lebendigen, zu den Dingen, zu seinem Lebensbereich, zur Welt gewinnt, damit der Mensch in seiner Welt und die Welt für den Menschen sein könne.«[1]

Zweifellos ist in Teilen unserer Gesellschaft ein Aufbruch zu beobachten zu einem »Neuen Denken«. Ein Prozeß des Umdenkens in den verschiedensten Lebensbereichen ist festzustellen. Auch ist ein Wille vorhanden, mit andern zusammen an dem großen Ziel zu arbeiten, daß eine Welt geschaffen werde ohne Krieg und ohne Hunger, eine Welt in Frieden, Gerechtigkeit und Harmonie. So läßt sich unschwer eine Neuausrichtung im Denken, Fühlen und Wollen ausmachen. Manche sprechen von einem schleichenden Bewußtseinswandel. Man ist dabei, das ist das Faszinierende, die Selbstheilungskräfte des Menschen und seine Kreativität zu entdecken.

Mit dem Wunsch vieler, eine bessere Welt zu schaffen, verbin-

---

[1] Otto Speck, System Heilpädagogik, München 1988, S. 246.

det sich die Erkenntnis, daß unsere eigentliche Herausforderung darin liegt, einen neuen Menschen hervorzubringen. Neuer Mensch – ist das nicht ein zentral christliches, ja biblisches Anliegen?, so fragen nicht wenige und sind verunsichert. Gemeint ist freilich ein solcher Mensch, der bereit ist, sich nach ganz neuen Lebenszielen auszustrecken (Friede für alle, Gerechtigkeit für alle, Erhaltung der Schöpfung, Verwandlung der Erde in ein Paradies) und sich von diesen ergreifen zu lassen. Gefragt ist ein neuer Mensch, dem es gelingen soll, die verborgenen Kräfte seiner Seele zu aktivieren. Und man berauscht sich an der Vision von einem solchen Menschen, der die Fähigkeit haben soll, durch Selbstheilung die eigene Heillosigkeit (Entfremdung) zu überwinden und damit auch das ganze Übel, das auf dieser Welt liegt.

Zudem weiß der Zeitgenosse, daß er zum Überleben eine Hoffnung braucht. Jene Hoffnung aber, die zwei Jahrtausende lang dem Menschen einen festen Grund für sein Leben und Denken geben konnte, ist verloren gegangen. Diesem hoffnungs- und orientierungslosen Menschen der Gegenwart, der von Ängsten bedrängt wird, bietet die Bewegung des Neuen Bewußtseins eine neue Hoffnung an. Der Rettungsanker sozusagen, an dem man sich festhalten zu können glaubt, ist ein Gottesbewußtsein (sein zu können wie Gott), das über den Glauben an sich selbst und an die großen eigenen Möglichkeiten gewonnen werden soll.

Da ist weltweit die Rede von einem »kosmischen Humanismus« und von einer Kraft, die sowohl das Bewußtsein des einzelnen als auch das ganze Universum durchdringe. Es wird behauptet, daß dem Menschen eine Göttlichkeit innewohne, die durch Selbst-Verwirklichung zum höchsten Ziel geführt werden könne, denn das Heil komme aus dem Selbst. Wirkliche Lebensziele und damit auch Erziehungsziele seien demnach: Selbsterkenntnis, Selbstannahme, Selbstliebe, Selbstbestätigung, Selbstvertrauen und Selbstverwirklichung. Unverkennbar ist der Trend: Seitdem es der Psychologie gelingt, Mittel und Wege aufzuzeigen, um in das Unterbewußtsein einzudringen, ist sie zu einer Art Religions-Ersatz geworden.

Unter der Überschrift »Die Renaissance des Gottmenschen« kommt der Heidelberger Erziehungswissenschaftler Micha Brumlik zu folgender Einschätzung:

»Was sich in Meditationszentren, auf Kirchentagen, therapeutischen Wochenenden, in den Workshops der „Körperarbeiter" und den Treffen der Bibliodramatiker abspielt, stellt nicht mehr und nicht weniger als die Wiederentdeckung und Wiederauferstehung *der Seele* dar, eines Dings, das die Trennung zwischen transzendentem Heil und psychischem Wohlbefinden nicht mehr kennt. Bei dieser Wiedergeburt wird die seit rund zweihundert Jahren bestehende Trennung zwischen Psychologie und Religion ebenso einbezogen wie die Unterscheidung zwischen Innen- und Außenwelt, subjektiver und objektiver Realität, zwischen Schöpfer und Geschöpf, zwischen Selbst und Gott.«[1]

In diesem Zusammenhang gewinnt das Lebenswerk von C.G. Jung neu an Bedeutung – das sei nur am Rande erwähnt. War für ihn die Beschäftigung mit der Psyche »der Königsweg einer umfassenden Erlösung«, wie Brumlik erwähnt, so zielte sein ganzes Schaffen letztlich darauf, das Unbewußte des Menschen zu resakralisieren.

Mit dem Trend der Vergöttlichung des Menschen geht die Verleugnung des persönlichen Gottes der Bibel einher. Wenn das Selbst tatsächlich die alleinige Verantwortung für sein Leben trägt, ist für einen persönlichen Gott, wie er von der Bibel bezeugt wird, kein Platz mehr.

2. Im Zeichen neuer Spiritualität

Tastende Versuche, Hinweise auf eine Umbesinnung auch im pädagogischen Denken, lassen sich unschwer erkennen. Umrißhaft zeichnet sich ein tiefgreifendes Umdenken ab. Gesamtmenschliches Bewußtsein und ein Gefühl für Mitkreatürlichkeit werden in den Mittelpunkt des Glaubens, Denkens, Fühlens und Wollens gerückt. Spiritualität und Selbstverwirklichung als Schlüsselworte stehen nicht nur für ein verändertes Lebensgefühl. Sie signalisieren einen Neuansatz in der Erziehung, der darauf gerichtet ist, Zusammenhänge zu erschließen und sich von einer Ganzheitssicht leiten zu lassen.

Eine ökologisch reflektierte Erziehung ist auf der Suche nach einem neuen Lebensstil, der diesem neu gewonnenen Lebensgefühl entsprechen könnte. Als »Lieblingswort der neuen Religiosität« (J. Sudbrack) umgreift der äußerst schillernde Begriff »Spiritualität« Inhalte wie: Spontaneität, Kreativität, Sensibilität, Bedürfnislosigkeit. »Spiritualität« als neuer Begriff, der sich von christlichen Vorstellungen bewußt abheben soll, wird heute in

---

[1] Micha Brumlik in: Psychologie heute 2/86.

Verbindung gebracht mit »universalen Erfahrungen und Perspektiven«. Damit gemeint sind Erfahrungen, die durch spontanes Handeln, kreatives Denken, durch ein Aufeinander-Zugehen ohne Angst und die Entwicklung von Feinfühligkeit für die Zusammenhänge von Lebensfragen gewonnen werden können.

Als Basis für einen neuen Lebensstil, den eine ökologisch reflektierte Erziehung einfordert, wird immer wieder ein »authentisches Leben« beschworen. Ein solches soll sich als echt, verbürgt, im eigentlichen Sinn des Wortes als »eigenständig geschrieben« ausweisen können. Mit der Forderung nach »Authentizität« sind auch Verhaltensweisen gemeint wie: Natürlichkeit, Gemeinschaftlichkeit, Geborgenheit, Gewaltlosigkeit und andere mehr. In zahlreichen Verhaltensweisen besonders junger Menschen, aber auch älterer – durch einen starken Zug zu Ganzheit, Privatheit und Innerlichkeit – ist ein Trend zu Mystik und erweitertem Bewußtsein unverkennbar. Kurz: Die neue Spiritualität soll zu einem Leben ohne Streß, zu körperlicher und geistiger Harmonie führen.

Im Gegensatz zu einer nur äußerlichen, angepaßten Verhaltensänderung strebt die neue Spiritualität eine innere Umwandlung des Menschen an, die sich freilich auch im Verhalten auswirken soll. Von Seiten der Bewegung des »Neuen Denkens« fordert man nicht weniger als eine »Wiedergeburt spiritueller Kraft«. Und dies: zur Bewahrung der Schöpfung und zur Durchdringung dieser Welt mit Frieden und Gerechtigkeit. Hildegund Wöller wird in einem Beitrag zur Einstimmung auf den Kirchentag 1989 sehr deutlich, wenn sie schreibt:

»Ich sehe für die Gegenwart keinen Unterschied zwischen dem neuen, dem getauften Menschen, den Jesus wollte, und dem Menschen mit verändertem Bewußtsein, den New Age meint. In beiden Fällen handelt es sich nicht um einen Menschen, der sich etwa moralisch besser verhält, sondern um einen von Grund auf neuen, neugeborenen Menschen, wir sprechen heute von einer geistigen Evolution.«[1]

Eine solche »Wiedergeburt spiritueller Kraft« aus dem unbewußten Selbst heraus müsse sich ausweisen durch bedingungslose Offenheit für alles und jedermann, auch angstfrei hinein in den Bereich des Okkulten (Okkultismus im weitesten Sinn verstanden). Darüber hinaus habe sie sich in der Öffentlichkeit zu bekunden durch eine Begeisterung für eine gute und gerechte Sa-

---

[1] Hildegund Wöller in: Berlin ’89, Stuttgart 1989, S. 48.

che. Nicht zuletzt wirke sie überzeugend durch ein Engagement für die Erneuerung der Menschheit schlechthin im Sinne der neuen Spiritualität. Immer wieder hervorgehoben wird, daß sich eine »Wiedergeburt spiritueller Kraft« durch die Ausübung von Toleranz legitimiert.

Die große Hoffnung der spirituellen Bewegung zur Erneuerung heißt »Transformation«: Überwindung des begrenzten Ichs durch irgendwelchen Zugang zu einer höheren Welt, zu einer kosmischen Intelligenz und zu einer höheren Stufe des Bewußtseins. Zahlreich sind die psychotechnischen Methoden, die angeboten, wenn nicht sogar aufgedrängt werden – allen voran die Meditation. Man möchte sich selbst tiefer erfahren, mit all seinen Schwächen und Stärken, Gaben und Grenzen. Es scheint so, als ob das Bedürfnis nach »Selbsterfahrung« kaum noch zu stillen wäre. Ziel der »Transformation« ist es, über die Aktivierung der verborgenen Kräfte im Unterbewußtsein, den neuen Menschen und die bessere Gesellschaft (Welt) zu schaffen.

Spirituelles Leben, »in dem eines mit dem andern zusammenhängt, sich gegenseitig stützt und trägt«[1], heißt also: Aktivierung der verborgenen Kraft des Menschen in seinem Unterbewußtsein. Und es bedeutet, daß schließlich mit der Überwindung der Heillosigkeit des Menschen gerechnet, ja durch eine große moralische Anstrengung dieses »veränderte Diesseits« durch den Menschen selbst herbeigeführt wird. Mit der Hoffnung auf eine »Wiedergeburt spiritueller Kraft« verbindet sich nicht weniger als der Glaube, über die Heilung des Bewußtseins des einzelnen könne die Heilung des Bewußtseins aller Menschen erreicht werden.

Einer ökologisch reflektierten Erziehung im Sinne der neuen Spiritualität kommt demnach die vordringlichste Aufgabe unserer Zeit, »die drängt« (C.F. v. Weizsäcker), zu: Den Glauben an den Menschen zu wecken, und zwar an die in seinem Unterbewußtsein schlummernden Selbstheilungskräfte. Denn spirituelles Streben ist »nichts anderes als das Streben nach der Verwirklichung einer potentiellen Anlage im Menschen, die nur erkannt und entwickelt werden muß... Indem wir an unserer eigenen Vervollkommnung arbeiten, arbeiten wir auch in der Welt und für die Welt, bringen unsere Impulse und schöpfen aus der uns umgebenden Energie«[2]. Andererseits gilt es auch, durch Erziehung alles zu

---

[1] Karl-Martin Dietz, Die Suche nach Wirklichkeit, München 1986, S. 77.
[2] Bruno Martin, Handbuch der spirituellen Wege, München 1985, S. 14.

vermeiden, was dem Glauben an sich selbst »als Steuermann« im Wege stehen könnte.

Damit ist die Erziehung im Zeichen neuer Spiritualität eindeutig als eine Glaubens-Erziehung ausgewiesen. Unvermeidbar tritt sie deshalb in Konkurrenz zur christlich-biblisch orientierten Erziehung, die ebenfalls Glaubens-Erziehung ist. Sie wird notwendigerweise zur stärksten Herausforderung für die christliche Gemeinde, die christliche Familie und für den einzelnen, der Christus nachfolgen möchte. Es ist Lutz v. Padberg zuzustimmen, wenn er schreibt:

»Die neue Spiritualität ist eine Religion der immanenten Selbstvergottung...; sie umgibt sich mit dem Nimbus des Geheimnisvollen, ist aber doch nur eine immanente Heilslehre des Säkularismus.«[1]

3. Appell an die Kraft des Guten im Menschen

Für viele Zeitgenossen ist die Psychologie zum Religionsersatz geworden. Sie ermutigt die Menschen, sich zu ihrer Seele hinzuwenden und das bislang ungelebte Leben in das Dasein einzubeziehen. Die Psychologie ist sozusagen die Schiene, auf der »Neues Bewußtsein« transportiert wird, und unsere gegenwärtige Jugendgeneration ist zum »Träger des Bewußtseinswandels«[2] geworden.

Carl Rogers, der Begründer eines weltweiten Verfahrens, der sogenannten Gesprächstherapie, sieht in seinem erstmals 1977 erschienenen Buch »Die Kraft des Guten« visionär das Heraufkommen eines neuen Menschen. Er zeichnet dort das Bild eines »radikal neuen Menschen«, der der Welt ein »neues Gesicht« mit völlig neuen Verhaltensmustern präsentiert. Rogers setzt seine ganze Hoffnung auf diesen »selbstbestimmten Menschen«. Dieser werde in den kommenden Jahren – so seine Zukunftsperspektive – immer stärker in Erscheinung treten und »unsere Gesellschaft von Grund auf verändern«. Doch wie soll der Mensch in Rogers' Vision von einer besseren Welt aussehen?[3]

– Er wird gekennzeichnet sein durch solche zwischenmenschli-

[1] Lutz v. Padberg, New Age und Feminismus, Wuppertal 1985, S. 137.
[2] Dietz, S. 60.
[3] Carl Rogers, Die Kraft des Guten, insbesondere S. 283-314.

chen Beziehungen, die »echt und umfassend« sind, fern aller Hintergedanken und der Doppelzüngigkeit.

- Er falle dadurch auf, daß er allen Institutionen (Regierung, Militär, Kirche, Schule, Unternehmen) mit tiefsten Antipathien begegnet. Dieser Mensch sei eher bereit, die Institutionen zu verlassen, als sich – wie er es wahrnimmt – ihrem sinnlosen Diktat zu unterwerfen.
- Er zeichne sich dadurch aus, daß er aller traditionellen Wissenschaft und Technik ein tiefes Mißtrauen entgegenbringt. Mit allen ihm zur Verfügung stehenden Mitteln wird er sich der Ausbeutung der Natur und ihrer Unterwerfung widersetzen. Auch wird er sich gegenüber den sogenannten Segnungen und Errungenschaften unseres Jahrhunderts eher gleichgültig verhalten.
- Dieser Mensch der Zukunft legt großen Wert darauf, sein Inneres zu erforschen und durch Psychotechnik in bisher noch unbekannte Gebiete des Geistes vorzudringen. Man ist davon überzeugt, daß im Menschen »unentdeckte Welten und verborgene Fähigkeiten schlummern – daß Tagträume, Fantasie und Intuition nur die Pforten zu unerschlossenen Welten sind«. Deshalb gilt das Interesse ganz besonders dem Okkulten (Okkultismus im Sinne des Überschreitens natürlicher Grenzen).
- Solche Menschen mit »neuem Gesicht« werden nach neuen Formen menschlicher Gemeinschaft suchen, die den bisherigen Rahmen sprengen. »Sie haben erkannt, daß sie... fähig sein müssen, in einer sehr kurzen Zeitspanne intime, kommunikative, persönliche Bindungen herzustellen. Umgekehrt müssen sie imstande sein, ohne allzu große Konflikte oder Trennungsschmerz Beziehungen hinter sich zu lassen.«
- Der »radikal neue Mensch« in C. Rogers' Vision ist ein solcher, den einerseits ein starkes soziales Engagement auszeichnet, der aber andererseits wiederum allen helfenden Berufen, die sich haben institutionalisieren lassen, mit großer Zurückhaltung, wenn nicht mit Mißtrauen begegnet.
- Schließlich: Dieser neue Mensch, der das Leben als einen ständigen Entwicklungsprozeß wahrnimmt – alles ist im Fluß, es gibt nichts Festes! – wehrt sich gegen alle Bemühungen, wenn ungerechte Verhältnisse festgeschrieben werden sollen, wenn andere im Alten und Gewohnten festhalten wollen.

Aus der Sicht von C. Rogers, der in der Gegenwart einen starken Einfluß auf die Pastoralpsychologie ausübt, stellt sich das Gesamtbild des neuen Menschen etwa so dar:

»Diese Menschen vertrauen ihrer eigenen Erfahrung und mißtrauen jeder äußeren Autorität. Weder Priester noch Richter noch Gelehrte können diese Menschen von irgend etwas überzeugen, das nicht durch ihre persönliche Erfahrung bestätigt wird. Deshalb beschließen sie oft, denjenigen Gesetzen zu gehorchen, die ihnen persönlich als richtig erscheinen, und jene zu mißachten, die sie für falsch und ungerecht halten, und sie nehmen dann auch die Konsequenzen ihrer Handlungen auf sich… Diese Menschen haben ein hohes Maß an Selbstachtung und sind von ihrer Urteilsfähigkeit in Autoritätsfragen überzeugt.«[1]

Maßgeblich für die Verwirklichung von Rogers' Persönlichkeitskonzept ist die Erkenntnis, daß sich der Mensch selbst erfahren, sich selbst orientieren und sich selbst bestimmen kann. Dieses Programm zur Schaffung eines »optimalen Menschen« ist mehr als nur eine Therapie. Es basiert auf der Grundannahme, anders gesagt auf dem Glauben, daß der Mensch die Freiheit der Entscheidung hat, daß er über ein verborgenes schöpferisches Potential verfügt, und daß er die Möglichkeit besitzt, vernünftig mit anderen Menschen zusammenzuleben.

Vernunft und Erfahrung sind also das letzte Steuerungssystem der sich selbst verwirklichenden Persönlichkeit. Damit bringt man zum Ausdruck, daß aller Sinn des Lebens zuerst und zuletzt im eigenen Selbst liegt. Mit dieser Entwicklung beginnt die vollendete Inthronisierung des Ichs als Abgott. Dieser Abgott war bislang durch Gottes Gebote oder irgendwelche Imperative einer bestimmten Ethik noch in seinen Schranken gehalten worden.

4. Egoismusfreie Selbstliebe

Hubertus von Schoenebeck, ein Schüler des Gesprächstherapeuten Carl Rogers und des Antipädagogen E. von Braunmühl, sieht in der egoismusfreien Selbstliebe die Grundlage für persönliches Glück und für den politischen Frieden. Er behauptet, daß jeder Mensch mit der Fähigkeit geboren werde, sich selbst zu lieben und zu akzeptieren.

Diese Fähigkeit könne sich aber nur in den wenigsten Fällen

---

[1] Rogers, S. 304.

recht entfalten. Sie werde durch den traditionellen pädagogischen Akt »zersetzt«, so daß sich die angeborenen Schätze wie Kreativität, Lernfähigkeit, soziales Engagement, Hilfsbereitschaft und individuelle Gestaltungskraft gar nicht recht entwickeln könnten.

»Unsere Kultur läßt die Katastrophe über uns hereinbrechen, daß wir unsere Schätze als junge Menschen nicht so leben dürfen, wie es uns zukommt. Eine schier unendliche Angst der Erwachsenen dämmt uns ein, deckt uns zu, verstümmelt uns und läßt uns schließlich selbst annehmen, daß wir leer und dumm seien, daß in uns gefüllt werden müsse, was die andern Großen dort sehen möchten.«[1]

Durch eine psychodynamische Befreiung könne eine wesentliche Veränderung im Menschen geschehen. Der Marionettenfaden der Verantwortlichkeit andern gegenüber werde zerschnitten, so daß jetzt jeder voll sich selbst gegenüber verantwortlich sein könne. Diese fundamentale Veränderung im Selbstkonzept wirke sich auch aus auf die Beziehung zu andern Menschen, denn die neue, niemand anderem als sich selbst verantwortliche Beziehung sei voll sozialer Energie.

»Ich liebe mich selbst, ist die Kernaussage des friedensfähigen Menschen... Sie ist in gleicher Weise eine neue Du-Beziehung und eine neue Wir-Beziehung. Sie wirkt in den politischen Raum und bildet die Grundlage, um den privaten ›kleinen‹ und den gesellschaftlichen ›großen‹ Frieden zu gewinnen.«[2]

Dieser neue Mensch mit seiner neuen Ich-Beziehung sei grundsätzlich friedlich, denn die Quelle dazu liege ja in seinem unverdorbenen Selbst. Durch die neue Beziehung werde das Ich wieder in den Mittelpunkt gestellt, nachdem wir lange gelehrt worden seien, unser Ich zurückzunehmen. Endlich frei von der »Last des Ich-Hasses« wisse der neue Mensch, die in ihm angelegte Friedensenergie zu aller Nutzen und zum Wohl der Menschheit zu entfalten.

»Eine egoismusfreie, konstruktive Selbstliebe pulsiert in diesen Menschen, und voll Neugierde, Lust und Anteilnahme halten sie Ausschau nach den andern... Sie sind frei geworden von dem ständigen finsteren Alptraum, im andern Menschen Gefahr und Vernichtungsdrohung zu sehen. Es läßt sich heute nur überleben, wenn weder ich für dich noch du für mich gefährlich sind. Die

---

1 Hubertus von Schoenebeck, Ich liebe mich, so wie ich bin, München, S. 23.
2 Hubertus von Schoenebeck, S. 12.

grundlegende Solidarität zu *jedem* Menschen tritt an die Stelle der grundsätzlichen Abwehrbereitschaft, Angst und Aggressivität gegenüber dem andern. Frei von der Belastung, gebannt auf den andern zu starren, erfahren diese Menschen auf einmal sich selbst. Gewaltige psychische Energie wird dadurch frei: *Es gibt den bösen andern nicht mehr – es gibt das Böse nicht mehr.*«[1]

Hubertus von Schoenebeck macht geltend, daß gerade in der egoismusfreien Selbstliebe das eigentlich Menschliche des neuen Bewußtseins voll zum Tragen komme. Wer sich selbst zu lieben gelernt habe, müsse notwendigerweise auch die andern lieben. Denn das Ich, das nach dem Verständnis der Lehre des »Neuen Bewußtseins« im Mittelpunkt des Universums steht, realisiere nur sein Bestes und habe für andere Menschen ebenfalls positive Auswirkungen. Der pure Egoismus, der nicht bestritten werden soll, sei aber in der Tat nichts anderes als »der verzweifelte Aufschrei des unterdrückten Selbst«.

»Menschen – soziale Wesen, können nichts anderes, als Ausschau zu halten nach den andern. Wer sich selbst liebt, den erfüllt es, nach den andern zu suchen. Nächstenliebe, soziales Engagement, Abbau von Egoismus gelingen nur durch ungehinderte Selbstliebe... Die Quelle jeder Liebe ist, daß sie für mich sinnvoll ist.«[2]

Weil in der neuen Beziehung zu sich selbst das Selbstwertgefühl des Menschen gestärkt werde, falle es dem Menschen nicht mehr schwer, sich selbst anzunehmen. In der »ungehinderten Selbstliebe« habe der Mensch zu sich selbst gefunden und ein neues Selbstvertrauen gewonnen, so daß er jetzt mit seinen Schwierigkeiten und Problemen, z.B. der Aggressivität, besser fertig werde. Als eine große Hilfe beim Umlernen und beim Erlernen der neuen Beziehung zu sich selbst und zu andern könne die Selbsthilfegruppe erfahren werden.

Hubertus von Schoenebeck bringt es aber auch klar zum Ausdruck, daß mit der christlichen Schuldauffassung der neuen Selbstauffassung der größte Gegenspieler erwächst. Die christliche Lehre von der Schuldverfallenheit des Menschen und von der Sünde bilde den stärksten Widerpart zu einer neuen Einstellung ohne Selbsthaß. Demgegenüber müsse festgehalten werden:

»Jeder Mensch ist souverän und selbstbestimmt – ein Schuld-

---

[1] Hubertus von Schoenebeck, S. 10.

[2] Hubertus von Schoenebeck, Jenseits von Erziehung, Münster 1988, S. 27.

vorwurf macht diese freien Geschöpfe Gottes zu demoralisierten Sklaven von Herrschenden, die Schuld- und Sühnekataloge aufstellen.«[1]

Hubertus von Schoenebeck nennt nun ganz bestimmte Anforderungen, ja – wie er sagt – unverzichtbare Bedingungen, ohne die sich eine neue egoismusfreie Beziehung nicht verwirklichen lasse: Man müsse »den Menschen als vertrauenswürdigen Organismus sehen, sich selbst lieben, den pädagogischen Kernsatz ›ich weiß besser als du, was für dich gut ist‹ aufgeben, das Oben-Unten-Denken im Bereich menschlicher Beziehungen ablegen, offen sein für die eigene Gefühlswelt und die der andern«.[2]

Wie alle humanistischen Psychologen, so betont auch Hubertus von Schoenebeck den sogenannten Selbstwert des Menschen und hebt die Wichtigkeit des »Selbstwertgefühls« hervor.

Im Hintergrund steht bei ihm das Menschen- und Selbstbild der Humanistischen Psychologie mit der Vorstellung, daß der Mensch in seinem Selbst ein ungeheures und bislang noch ungeahntes Potential an Kräften und Fähigkeiten berge. Weil er in sich selbst die Quelle alles Guten und des Lebens habe, könne der Mensch aus sich selbst heraus alles wissen und tun und deshalb ohne fremde Hilfe aus seinem Leben das Beste machen.

Diese Sicht des Menschen wird von der Bibel als dem Wort Gottes bestritten. Die Bibel redet ungeschminkt von der dem Menschen innewohnenden Sünde, von seinem verkehrten Denken, Wollen und Tun und weiß nichts von dem angeblich im Unbewußten angelegten Potential zum Guten. Ja, sie entlarvt das Selbstverwirklichungsstreben des Menschen als die eigentliche Sünde.

5. Menschlichkeit als Erziehungsziel

Seit Mitte der siebziger Jahre wirbt Frederick Mayer, ein Pädagoge von internationalem Rang, für sein Konzept einer spirituellen Pädagogik. Seine neue pädagogische Konzeption nennt er »Dynamische Erziehung«, so auch der Titel seines Buches. Mit dieser neuen Pädagogik versucht er vor allem, zwischenmenschliche und internationale Beziehungen zu entwickeln. *Beziehungen statt*

---

[1] Hubertus von Schoenebeck, Unterstützen statt Erziehen, München, S. 159.

[2] Hubertus von Schoenebeck, Ich liebe mich, so wie ich bin, S. 87.

Erziehung im herkömmlichen Sinn heißt die neue Devise. Und dies auf der Basis einer kosmopolitischen Weltanschauung und im Geiste echter Humanität.

Frederick Mayer bezweifelt, daß es der Erziehung im herkömmlichen Stil noch gelingen könne, die schwierigen Probleme und Konflikte unserer Gesellschaft auf zwischenmenschlicher und auf internationaler Ebene zu lösen. Der gegenwärtigen Schule wirft er vor, sie habe ein System des Übens und Konditionierens entwickelt. Sie erziehe zur Anpassung und zum Ja-Sagen. Durch falsche Wertvorstellungen (z.B. Examen bestehen!) werde die formale Intelligenz, das kognitive Denken überbewertet. Echtes Lernen, die Erweckung der Tiefenintelligenz, emotionales Lernen werde eher verhindert als gefördert.

Der amerikanische Pädagoge behauptet, daß die Schule von heute mehr zur Versklavung beitrage, als daß sie befreie. Wirklich gefragt sei nur das Berechenbare, das Testbare, das Operationalisierbare. Ständig müsse der Schüler seine Grenzen erfahren, er werde frustriert und sei deshalb nicht selten zutiefst entmutigt. Ja, die Schule versäume es, Enthusiasmus und Engagement zu lehren, worauf es im Sinne echter Persönlichkeitsbildung vor allem ankommt. Kreativität, das A und O der Erziehung, sei kaum gefragt, es werde – ganz im Gegenteil – geradezu verhindert. So würden die im Menschen angelegten schöpferischen Kräfte gar nicht gewollt. Die Erziehung sei deshalb, so das Urteil des renommierten Pädagogen, »eine Einladung zum Fehlschlag«.[1]

Für Frederick Mayer bedeutet die Erziehung eine besondere »Herausforderung im Blick auf das moralische Dilemma unserer Zeit« und die »Aufforderung zur Menschlichkeit«, wie auch der Titel eines seiner Bücher lautet. Um von den Torheiten der traditionellen Erziehung wegzukommen, fordert er ein radikales Umdenken im Sinne des »Neuen Bewußtseins«, was zu einem Durchbruch zu neuen Beziehungen führen müsse. Er sagt:
»Die ›Dynamische Erziehung‹ will eine unaufhörliche Kampagne gegen die Ursachen und Mächte, die Konflikt und Krieg hervorrufen, führen. Vom Kindergarten bis zum hohen Alter betont sie gegenseitige Hilfeleistung und Zusammenarbeit. Sie weist auf die ungeheure Verantwortung der Erziehung hin, die nicht nur eine institutionelle Erneuerung hervorbringen muß, nicht nur die Basis

---

[1] Frederick Mayer, Erziehung zur kreativen Gesellschaft, München 1976, S. 15.

für individuelle Erfüllung, sondern auch das Fundament für internationale Zusammenarbeit und Größe.«[1]

Erziehung heißt für Frederick Mayer: *»Die Qualität der menschlichen Beziehungen verbessern.«*[2] Alles andere führe ins Chaos. Und er schreibt:

»Den Test auf die Schule kann man Jahrzehnte später machen: im Altersheim. Ich habe dort traurige Dinge beobachtet. Es herrscht Interesselosigkeit, eine Atmosphäre der Intrigen, der Trivialität, und nur diejenigen bestehen das Alter wirklich, die noch kreativ sind, die sich weitergebildet haben und vor allem: die für andere etwas tun.«[3]

Frederick Mayer ist von einer großen Hoffnung erfüllt. Der Erziehung sei es aufgegeben, *»potente Spiritualität«* freizusetzen. Auch sei die Erziehung der Ort, wo neue Bewußtwerdung eingeübt werden müsse. Anders gesagt: In der Erziehung geht es darum, soziales Engagement zu entwickeln und immer wieder neue Wege zu erschließen, wie Mitmenschlichkeit verwirklicht werden kann, ohne sich bei dieser schwierigen Aufgabe entmutigen zu lassen. Insofern könne von der Erziehung als von der großen Hoffnung für die Menschheit gesprochen werden. Voraussetzung für diesen »Lernprozeß« sei allerdings, daß der Mensch an sich selbst glauben lerne, d.h. an die Fähigkeit, aus eigener Kraft und ohne Fremdbestimmung sein Leben positiv zu gestalten.

Der Erziehung sei es aufgegeben, »die schöpferische Expansion des Menschen« zu entwickeln. In der Tat: Für Frederick Mayer wird die Erziehung zum »Werkzeug für den sozialen Wandel« und zum »Instrument menschlichen Überlebens«. So ist er davon überzeugt, daß die großen Anliegen der Menschheit heute nur noch durch Bildung und Erziehung bewältigt werden könnten, freilich nicht im Sinne der traditionellen Erziehung. Nach seiner Sicht der Dinge sollte die Erziehung »höchste Lebenserfahrung« sein, »höchste Loyalitäten« herausfordern, »tiefste Motivationen« wecken, für Zeiten der Krise ermutigen und »ein tiefes Verlangen nach Erhellung« der Persönlichkeit einpflanzen.

Im Blick auf die herkömmliche Erziehung beklagt Frederick

---

[1] Frederick Mayer, Dynamische Erziehung, München 1973, S. 92.

[2] Frederick Mayer, Anweisung für eine Flucht nach vorne, München 1982, S. 120.

[3] Frederick Mayer, ebd.

Mayer »eine ungeheure Verschwendung geistiger und intellektueller Kräfte« durch eine Überbewertung der Tugenden wie Gehorsam, Fleiß, Ordnung. Da der Mensch seinem Wesen nach ein »potenter Schöpfer« sei und über ein geistiges Potential unerschlossener Kräfte verfüge, müsse dieses Potential auch menschengerecht ausgenützt werden. Die »Dynamische Erziehung« baut deshalb auf der Gewißheit auf, daß in jedem einzelnen das »Potential der Größe« erschlossen werden könne. Sie fördert daher auch den faustischen Geist, den Glauben, daß der Mensch fähig sei, über sich selbst hinauszuwachsen, zu transzendieren.

Die »Dynamische Erziehung« hebt aus dieser Erkenntnis heraus die »schöpferischen Fähigkeiten, Interessen und Talente« des Menschen hervor. Indem sie die Inspiration, die Intuition und das meditative Denken besonders pflegt, aktiviert sie die Tiefenintelligenz. Gerade in der »Mobilisierung der Sinne« sieht sie die entscheidende Herausforderung für die Bewältigung der Zukunft. Die »Dynamische Erziehung« stellt bewußt die Frage nach der Ganzheit und nach dem Sinn und fordert eine Erziehung, die zu einer bewußten Lebensgestaltung führen soll.

Als Hauptaufgabe für die Bewältigung der Zukunft mahnt Frederick Mayer immer wieder an, die *Grundlagen* zu schaffen *für Verstehen und Beziehungen.* Gerade auf diesem lange vernachlässigten Gebiet sei die »bedeutendste Pionierarbeit« unserer Zeit zu leisten. Dabei weiß er sich von dem Glauben getragen, daß in jedem Menschen ein kreatives Potential vorhanden sei, das es gelte zu erweitern und zum »Fundament eines neuen Lebensstils« zu machen.

Das Erziehungsziel Menschlichkeit meint also eine kreative Persönlichkeit, die sich ihres ungeheuren Potentials an Menschlichkeit bewußt ist und die Verantwortung dafür trägt, daß dieses vor allem soziale Potential für andere auch fruchtbar eingesetzt wird. Durch das Eintreten der »Dynamischen Erziehung« für Humanität, Glaube, individuelle Freiheit, persönliche Verantwortung und Selbstverwirklichung, weist sie sich als religiös bestimmt aus. *Religiöse Erziehung,* jetzt nicht im Sinne eines dogmatischen Christentums gemeint, sondern die »das Gute ernst nimmt« und die »Macht des Guten nicht unterschätzt«, sei *»Aufforderung zur Menschlichkeit«* und »Einladung zur Tat«.

Die Hauptsorge der »Dynamischen Erziehung« gilt dem Überleben der Menschheit. Was Frederick Mayer Wissenschaft, Technik und Politik nicht mehr zuzutrauen vermag, das erhofft er sich von der Erziehung. Indem er aber seine ganze Hoffnung auf die Erziehung, d.h. auf die Möglichkeiten des Menschen setzt, verpflichtet er diesen zu einer »idealistischen Überanstrengung« (Th. Wilhelm).

Die Erziehungsphilosophie und Religiosität dieser »idealistischen Selbstüberschätzung« bleibt innerhalb der Grenzen bloß humanistischen Denkens. Frederick Mayer und mit ihm alle Anhänger der neuen Erziehungsphilosophie vertrauen auf die Macht des Guten im Menschen, durch die das Böse schließlich überwunden werden soll. Sie setzen auf die Durchsetzungskraft der Wahrheit in der Menschheitsgeschichte.

Schlüsselbegriff in der »Dynamischen Erziehung« ist die *Selbsttranszendenz.* Gemeint ist die Fähigkeit zur Erweiterung des Bewußtseins. So schreibt Frederick Mayer ganz im Sinne des »Positiven Denkens« sehr aufschlußreich:

»Worauf es... ankommt, ist die Kreativität. Sie beginnt und endet mit der Erkenntnis, daß wir einzigartige Möglichkeiten in uns bergen...«[1]

Weil nun der kreative Mensch mit seinem ungeheuren Potential zur Verwirklichung von Menschlichkeit in der Lage sein soll, seine Persönlichkeit über die natürlichen Grenzen hinaus zu erweitern, bekämpft die »Dynamische Erziehung« alles, was diese Selbstverwirklichung behindern könnte. Das bedeutet die Kampfansage gegen jegliche Art von Fremdbestimmung, an menschliche aber auch an göttliche Forderungen. Wenn es so ist, daß der Mensch ein »potenter Schöpfer« ist, dann bedarf es keines übergeordneten und einengenden Wesens mehr.

Zwar scheint für nicht wenige der Zeitgenossen eine antidogmatische Religiosität erstrebenswert, denn sie verbürge mehr Toleranz, Offenheit und Wahrnehmung für menschliche Größe als die traditionelle Religiosität. Doch kann das biblische Christentum gar nicht undogmatisch sein, es würde sich selbst aufgeben. In der Tat: Der Gott der Bibel wird nicht durch meditative Versenkung in sich selbst gefunden, durch Erschließung des geistig Unbewußten, sondern allein durch eine Selbstoffenbarung Gottes von außerhalb des menschlichen Geistes.

Das Programm einer Erziehung im Zeichen neuer Spiritualität, wie wir es exemplarisch bei Frederick Mayer sehen können, heißt *Humanisierung.* Doch ist unbestreitbar: Die Humanität spiritueller Erziehung heute hat ihren Schwerpunkt im Ich des Menschen.

---

1 F. Mayer, Erziehung zur kreativen Gesellschaft, München 1976, S. 85.

Eine Humanität unter der Herrschaft Gottes jedoch hat ihre Basis im Glauben an den lebendigen Gott und weist sich aus durch die Liebe zum Mitmenschen. Sie beginnt mit einer geistlichen Erneuerung und Veränderung durch Christus, sein Wort und die Gnade Gottes. Das ist der Glaube der Christen, daß Christus nicht nur Menschen verändern will, sondern es auch kann.

Zweifellos bedeutet die religiöse Erziehung bei Frederick Mayer eine Abwendung vom persönlichen Gott der Bibel und die Hinwendung zum *eigenen Selbst als letztem Bezugspunkt.* Damit wird die Selbstfindung zur eigentlich erzieherischen Aufgabe gemacht.

6. Beziehung statt Erziehung

Die sogenannte Antipädagogik hat mit ihrem Programm des Verzichts auf Erziehung seit Beginn der achtziger Jahre nicht wenig Irritation in das traditionelle Erziehungsdenken gebracht. Da verbindet man mit dem Alltagswort Erziehung Assoziationen wie Gewaltanwendung, Unterdrückung, Manipulation und Mißachtung der Persönlichkeit des Kindes. Es werden radikale Forderungen laut wie »Schluß mit der Diktatur der Erwachsenen über Kinder!«

Von Seiten derer, die auf Erziehung verzichten wollen, wird die These vertreten, daß das pädagogische Denken am Verhältnis Oben-Unten orientiert sei und zum Zwecke ausgeübt werde, um Herrschaft auszuüben und Machtpositionen zu behaupten. Demgegenüber setzt man die Annahme: Eine gesunde seelisch-geistige Entwicklung des jungen Menschen werde auch ohne übliche pädagogische Inszenierung ermöglicht, freilich unter der Voraussetzung, daß freundschaftlich geholfen (Unterstützung, Begleitung) werde. Also: Helfen statt erziehen, so lautet die Anmahnung!

Starke Unterstützung hat das »antipädagogische Denken« durch Veröffentlichungen der Schweizer Psychoanalytikerin Alice Schwarzer erhalten. Diese vertritt in ihren Büchern die Auffassung, daß jede Erziehung im Grunde nichts anderes als Manipulation sei, die zu Verletzungen und Schädigungen in der Psyche des Kindes führe. Eltern wollten sich durch Erziehung an ihren Kindern rächen für Demütigungen und Verletzungen, die ihnen einst als Kinder widerfahren seien. Nun gelte es zu verhindern, daß durch falsche Maßnahmen aus den einstigen Opfern wieder zukünftige Täter würden. Dazu sollte ein antipädagogisches Programm dienen.

Weitere Schützenhilfe im Kampf gegen die traditionelle Erziehung hat das »antipädagogische Denken« durch Hermann Gieseckes Schrift vom »Ende der Erziehung« erhalten. Der Autor wendet sich dort teils zu Recht gegen eine Psychologisierung und Pädagogisierung der Gesellschaft. Und er erkennt Anzeichen, die nach seiner Meinung das Ende der herkömmlichen Erziehung signalisieren. Er schreibt:

»Meine These ist, daß wir – abgesehen von den ersten Lebensjahren – von der Idee der ›Kindheit des Kindes‹ Abschied nehmen müssen, damit auch vom traditionellen Begriff von ›Erziehung‹, und daß wir gut daran tun, Kinder wieder wie kleine, aber ständig größer werdende Erwachsene zu behandeln.«[1]

Auch Heinrich Kupffer wehrt sich in seinem Buch »Erziehung – Angriff auf die Freiheit« leidenschaftlich gegen eine Pädagogik, die, wie er meint, »den Lebensweg des Menschen mit Hinweisschildern umstellt« und durch beratende und therapeutische Maßnahmen immer mehr Unfreiheit bringt. Kupffer plädiert für eine Pädagogik der »Auseinandersetzung zwischen den Erziehungspartnern an Punkten, wo es Alternativen gibt – also dort, wo Beziehungen zu pflegen, Interessen abzuwägen, Handlungsweisen zu diskutieren, Meinungen zu bilden, Konsequenzen zu bedenken, Entscheidungen zu treffen sind«.[2] Hubertus von Schoenebeck[3] schließlich lehnt die Erziehung als einen unerlaubten Eingriff in die Würde und Autonomie des Kindes grundsätzlich ab. Er disqualifiziert die herkömmliche Erziehung als »intolerant, mißtrauisch, totalitär und auf Entselbstung zielend, d.h. kinder-menschen-lebensfeindlich, verbrecherisch«.[4] Ja, er ist der Meinung, daß Kinder schon von Geburt aus fähig sind, das für sie Beste zu erspüren und Verantwortung selbst wahrzunehmen. Aufgabe der Erwachsenen sei es, den zur persönlichen Entfaltung notwendigen Freiraum zur Verfügung zu stellen und gegebenenfalls mitzuhelfen, daß die kindlichen Wünsche und Bedürfnisse realisiert werden können.

Für Schoenebeck ist die sogenannte Antipädagogik mehr als

---

1 Hermann Giesecke, Das Ende der Erziehung, Stuttgart 1987, S. 10.
2 Heinrich Kupffer, Erziehung – Angriff auf die Freiheit, Weinheim 1980, S. 19.
3 Vgl. Paul Brendle, Antipädagogik – Was ist das? Lehrerbote 8/88.
4 Hubertus von Schoenebeck, Antipädagogik im Dialog, Weinheim 1985, S. 13.

nur eine Gegenthese zur traditionellen Erziehung mit dem Anspruch der Erwachsenen, Verantwortung für die Heranwachsenden übernehmen zu müssen. Seine von ihm proklamierte »erziehungsfreie Beziehung« ist in der Tat eine »Lebensphilosophie und Lebensführung..., die der pädagogischen Weltsicht (völlig) entgegengesetzt ist, die auf einem anderen Menschenbild basiert«. Diese neue Lebensphilosophie betont die Primärtugenden wie Sensibilität, Zärtlichkeit, Hilfsbereitschaft und Kreativität gegenüber den sekundären Tugenden wie Gehorsam, Ordnung, Pünktlichkeit, Höflichkeit, Pflichtbewußtsein u.a. Ziel einer »erziehungsfreien Beziehung« ist, »eine tiefe emotionale Umorientierung« herbeizuführen, so daß die Menschen schließlich »mit dem Erzieherischen nichts mehr zu tun haben wollen«.[1]

Das eigentliche Ärgernis an der traditionellen Erziehung ist die Absicht der Erzieher, Kinder und Jugendliche durch Normen und Werte so zu prägen, daß sie die Haltungen und Verhaltensweisen der Erwachsenen annehmen. Wenn aber jeder für sich selbst wissen könne, was für ihn gut und förderlich ist, dann müsse man ihm auch seine Selbstbestimmung und Selbstverantwortung zuerkennen. Bezeichnend für die neue »erziehungsfreie Beziehung« ist deshalb, daß der Erwachsene grundsätzlich auf die Formung der Persönlichkeit des anderen nach seinen Vorstellungen und auf die Disziplinierung des Nichterwachsenen verzichtet und diese Einstellung auch emotional dem anderen gegenüber zum Ausdruck bringt.

»Unterstützen statt erziehen« heißt darum auch die Kurzformel, mit der für ein erziehungsfreies Miteinander zum Wohle des Kindes geworben wird. »Eltern und Kinder treffen sich gleichwertig und gleichberechtigt«, so heißt es im Grundsatzpapier der »Freundschaft mit Kindern«.

Eine *»erziehungsfreie Erziehung«* bedeutet jedoch nicht, daß Eltern ganz darauf verzichten, ihre Kinder zu lehren, zu fördern und zu unterstützen. Die Vermittlung von nötigem Wissen und von Fertigkeiten steht der neuen partnerschaftlichen Beziehung keinesfalls entgegen. Die Eltern müssen nur der Versuchung widerstehen, daß sie über die Wissensvermittlung und Belehrung hinaus Werte und Normen vermitteln, durch die die Grundstruktur des Kindes in einer bestimmten Weise geprägt werden soll. Für Antipädagogen verdächtig ist jeder Eingriff in die freie Entfal-

[1] von Schoenebeck, ebd.

tung des Kindes, wodurch eine Veränderung im Denken und Verhalten des Kindes bewirkt werden könnte im Sinne einer Festlegung auf Werte und Normen der Erwachsenen.

Doch auch in der antipädagogischen Beziehung geht es nicht ohne Konflikte und unterschiedliche Interessenlagen ab. Diese werden aber nicht mehr als »dramatische und existentielle Angriffe auf das Selbst« erlebt. Vielmehr werden sie als »Ausdruck eines anderen Menschen« wahrgenommen, der sich entsprechend seinen eigenen Vorstellungen verwirklichen möchte, »gegen den man (aber) seine (eigenen) Interessen mit gleichem Gewicht ins Spiel bringen kann«.[1]

Das »antipädagogische Denken« ist zweifellos mehr als nur ein neuer Lebens- und Erziehungsstil, zielt es doch auf eine radikale Änderung im Denken und Fühlen eines Menschen. Aber es sind nicht nur unüberbrückbare Welten, die Pädagogik und Antipädagogik voneinander trennen. Es ist vor allem das völlig andere Menschenbild, das sich grundsätzlich von jenem scheidet, das die christlich-abendländische Tradition hervorgebracht hat. So wird die Erziehungsbedürftigkeit des Menschen nicht nur in Frage gestellt, sondern verneint.

Im Gegensatz zu dieser extremen Position geht die traditionelle Erziehung davon aus, daß das Kind auf die führende, fürsorgende und fordernde Einwirkung und Hilfe der Erwachsenen angewiesen ist. Auch sieht die traditionelle Erziehung ihre Hauptaufgabe darin, unmündige junge Menschen zu einem werterfüllten Leben anzuleiten. Dabei kann auf die erzieherische Einflußnahme, nämlich, daß aus eigenen Wertvorstellungen heraus eine Veränderung in der Haltung und im Verhalten des Heranwachsenden bewirkt wird, nicht verzichtet werden. Gerade das christliche Denken weiß darum, daß der Mensch seine Bestimmung auch verfehlen kann und daß er der Hilfe bedarf, aus seiner Selbstentfremdung herauszukommen.

7. Erziehung als Selbstfindung und Selbstverwirklichung

Der Leitgedanke spiritueller Erziehung heißt Selbstverwirklichung durch Selbstfindung und Selbstbestimmung.

Diesem pädagogischen Impuls liegt die Erkenntnis zugrunde,

---

[1] Hubertus von Schoenebeck, Jenseits der Erziehung, Münster 1988, S. 21.

daß der Mensch seinem wahren Selbst, dem »Zentrum des Handelns und Entscheidens« (F. Pöggeler) entfremdet ist. Es gehe nun darum, dieses Selbst zu entdecken und es zu seiner vollen Ausgestaltung zu bringen.

Als die wichtigsten Eigenschaften, die einen selbstverwirklichten Menschen ausmachen, fordern die humanistischen Psychologen vor allem: Autonomie, Realitätssinn, Unabhängigkeit, Akzeptanz, Kreativität und Spontaneität. Nach ihrer Auffassung scheinen die sekundären Tugenden, aber auch die Intelligenz nebensächlich zu sein.

Der Begriff „Selbstverwirklichung“ dürfte sicher mehr als nur ein Modewort sein. Seit etwa zwei Jahrzehnten ist er zu einem »bevorzugten Leitwort« auch für die Erziehung geworden. Auf dem Hintergrund menschlicher Hoffnungen und Sehnsüchte beschworen, verdankt das Zauberwort Selbstverwirklichung seine breite Resonanz der *»Suche nach einem Ziel und Maßstab persönlicher Lebensgestaltung«*.[1]

Viel ist heute die Rede von Identitätsverlust und Identitätsfindung. Was ist gemeint? Man empfindet sich der Welt und sich gegenüber als fremd; man versteht sich selbst, die andern und die Welt kaum mehr. Man ist blind geworden gegenüber dem, was die wahren Bedürfnisse – die eigenen und die fremden – ausmacht.

»Wir erleben eine unheilvolle Spannung zwischen den von uns vage geahnten Möglichkeiten eines erfüllten Daseins und unserem täglich gelebten Leben, das uns grau, öde und leer erscheint« (L. Müller).

Selbstfindung und Identität gilt angesichts unserer Gefährdungen wie durch Lieblosigkeit, Enttäuschungen, Minderwertigkeitsgefühlen und Ängsten als die dringlichste Aufgabe der Lebensbewältigung. Deshalb fragt man heute – mehr als früher – nach dem, was im Menschen schicksalhaft angelegt sein könnte an Potentialen und Fähigkeiten. In der Tat: Man wird äußerst sensibel für etwaige Gefahren, die unsere Selbstfindung und Selbstverwirklichung behindern könnten und reagiert dementsprechend betroffen. Man bemüht sich andererseits, keine Gelegenheit zu versäumen, um seine gestörte Identität zu verbessern.

Als Ziel der Selbstverwirklichung wird ein *Leben in körperlicher und spiritueller Harmonie* angegeben. Zur Verwirklichung

---

[1] Konrad Hilpert, Selbstverwirklichung, Mainz 1987, S. 9.

dieses Ziels wird eine *befreiende Erziehung* gefordert. Der einzelne müsse die Möglichkeit haben, seinen eigenen Interessen, seinen Gefühlen und Strebungen, seinen Lüsten wirklich Raum zu geben. Dabei soll es keine Einschränkung der Gefühle, der Triebe, der Fantasie geben. Eifersucht, Haß, Neid, Wollust müßten nicht unbedingt negativ zu bestimmen sein. Sie könnten – ganz im Gegenteil – zu tieferer Selbsterfahrung und zu mehr Menschlichkeit führen. Die Orientierung wird also innerweltlich und vorwiegend an den Bedürfnissen und Problemen gesucht. Jugendforscher sind zu dem Ergebnis gekommen, daß junge Menschen ihren Höchstwert in der Freiheit, der Selbstbestimmung und der Unabhängigkeit von Anordnungen anderer sehen. Sie seien deshalb überaus empfindlich, wenn etwas den Anschein erweckt, diese Höchstwerte im Beruf und im Privatleben einschränken zu wollen.

Den Höchstwerten Freiheit und Selbstbestimmung entspricht eine *Erziehung zum Selbst.* Es soll eine »optimale Verwirklichung der im Menschen angelegten individuellen Kraft und Fähigkeit« (H. Roth) angestrebt werden. Man glaubt nämlich, daß im ominösen Selbst, dem Zentrum der Persönlichkeit, die eigentlichen Potentiale für Menschlichkeit schlummern, allen voran die Kreativität. Nicht nur das künstlerische Schaffen sei kreativ, sondern »jede Bewältigung eines Lebensproblems aus eigenem Gestaltungsvermögen und nach eigenen Maßstäben« sei schöpferisch und führe zu mehr Lebenssinn.

»Kreativ zu sein bedeutet auch, sich von abstumpfenden Gewohnheiten zu lösen und etwas Neues zu entdecken«.[1] Neu ist die Erkenntnis, daß die schöpferischen Kräfte im Sinne von Kreativität in jedem Menschen angelegt sein sollen. Kreativität nach dem Verständnis der Humanistischen Psychologie bedeutet also nicht die besondere Begnadigung irgend eines Menschen von Gott, seinem Schöpfer, her. Sie sei vielmehr jedem Menschen, wenn auch »verschüttet«, eigen und lasse sich als *Quelle menschlicher Stärke* in allen Lebensvollzügen aktualisieren.

Die Erkenntnis, daß der Mensch mittels seiner Kreativität seine eng gesetzten Grenzen überwindet und zur Ganzheit vordringen kann, bewirkt sowohl Faszination als auch Motivation. Sollte der Mensch tatsächlich über große, noch unerschlossene physische, ethische und moralische Kraftreserven verfügen, dann müßten die-

---

[1] Heinz Ryborz, S. 35.

se unbedingt zum eigenen Nutzen und zum Wohl der Allgemeinheit erschlossen und entwickelt werden.

Mit der Entdeckung der Kreativität sieht sich der heutige Mensch tatsächlich vor neue ungeahnte Möglichkeiten gestellt, die seinen bisherigen Denkrahmen und Handlungsspielraum zu sprengen scheinen. Richtig kreativ sein könne der Mensch aber nur dann, so hören wir auch, wenn er sich seines verborgenen Potentials recht bewußt werde. Voraussetzung dazu sei, daß er an sich selbst glauben gelernt habe und fähig geworden sei, sein Leben als eine psycho-soziale Evolution mit dem Endziel einer vollkommenen Menschlichkeit zu begreifen. Mit anderen Worten: Die Kreativität des Menschen findet erst über das »Positive Denken« zu ihrer Vollgestalt.

Wenn sich aber der Mensch selbst als »potenter Schöpfer« versteht, dann bedarf er keines übergeordneten Wesens mehr, in dessen Hände er sein Schicksal legt. Er selbst ist zum Steuermann seines Lebens geworden und wird alle Ansprüche und Forderungen, die von außen her an sein absolutes Ich gestellt werden, alles, was seine selbstherrliche Kreativität behindern könnte, ablehnen, ja bekämpfen.

Die Aussicht darauf, daß das Selbst die Stelle von Gott einnehmen darf, mag anziehend sein. Wo aber Gott durch das Selbst ersetzt wird, ist antichristlicher Geist am Werk. Selbstverwirklichung als Streben des Menschen, »aus sich selbst zu leben, über sich selbst zu bestimmen und zu sich selbst zu finden«[1], kann nur unter der Voraussetzung der Gottesleugnung gedacht werden.

Aus dem biblischen Zeugnis wissen wir, daß die Ursache für die Entfremdung des Menschen mit sich selbst und mit seiner Umwelt nicht in einem sogenannten Identitätsverlust liegt, sondern in der Realität und Macht der Sünde. Diese ist ihrem Wesen nach Trennung von Gott, dem Schöpfer und Erlöser, ist Zielverfehlung des Lebens überhaupt. Deshalb befindet sich der Mensch auf einem Holzweg, wenn er sich einbildet, er könne seine Befreiung von der Entfremdung über eine Selbstbefreiung seines Ichs bewirken, sich sozusagen an den eigenen Haaren aus dem Sumpf des Übels ziehen. Aus biblischer Sicht ist es die größte Selbsttäuschung des Menschen zu glauben: »*In* sich selbst findet er die

[1] Lothar Gaßmann, Gefahr für die Seele, Neuhausen-Stuttgart 1986, S. 35.

Heilkräfte *für* sich selbst. *Für* sich selbst empfängt er Heil *aus* sich selbst.«[1]

8. Die Sinnfrage als Götzenfrage

Angesichts der inneren Leere und Ohnmacht des Menschen war das Bedürfnis nach Sinnerfahrung kaum jemals so stark wie in der Gegenwart. Alle reden von Sinn, von Sinnfindung und Sinngebung, aber auch von Sinnkrise und Sinndefiziten. »Sinn ist das Zauberwort unserer Zeit.«[2] Die Sinnfrage ist zum »Inbegriff des Verlangens nach Orientierung, Sicherheit und Geborgenheit« geworden.[3]

Und dies, weil sich der heutige Mensch in einer »umfassenden Verunsicherung« befindet. Ohne Gott fehlt seinem Leben der eigentliche Inhalt, das wirkliche Lebensziel und der tatsächliche Lebenssinn. Wird aber das Dasein ohne letzten ›Sinn‹ erfahren, so bedeutet das für den Menschen eine doppelte Gefahr:

»Er sucht die Freuden (ohne die er nicht leben kann) am falschen Ort… Dazu kommt, daß die falsche Freiheit oft in Knechtschaft führt. Dann folgen Verzagtheit und Verzweiflung… So geht es zu in einer Welt ohne Christus.«[4]

Gewiß: Wer in seinem Leben keinen Inhalt, kein Ziel und keine Aufgabe mehr findet, ist der Sinnlosigkeit preisgegeben. Er leidet unter den Folgen dieses Gefühls der Ausweglosigkeit. Das mancherlei Unbehagen des Zeitgenossen ist sicher Ausdruck dafür, wie schwer er sich tut, Orientierung für sein Leben zu finden. Denn Essen, Trinken, Schlafen und Arbeiten sind kaum dazu geeignet, zu einem erfüllten Leben zu verhelfen. Über die Befriedigung seiner natürlichen Bedürfnisse hinaus braucht der Mensch etwas, was sein *Selbstbewußtsein* hebt, was sein *Selbstwertgefühl* stärkt.

Der Psychiater Viktor E. Frankl spricht im Hinblick auf das Sinndefizit des modernen Menschen von einem »existentiellen Vakuum«. Er hebt in diesem Zusammenhang hervor: Das Gefühl der Leere und Inhaltslosigkeit des Lebens, der Einsamkeit, die Angst und das Mißtrauen führten zu einer »existentiellen Frustra-

---

[1] Gaßmann, S. 37.
[2] Max Müller, Handbuch für den kath. RU II/2, Stuttgart 1986, S. 106.
[3] Max Müller, ebd.
[4] Paul Müller, Traktat über den Sinn des Lebens.

tion«, die den Nerv des Lebens berührt. So können besonders junge Menschen unter solchen Umständen die notwendige Identifikation, die Übernahme von Werthaltungen, Gefühlen und Verhaltensmustern nicht mehr finden.

Noch vor Jahren hatte man das Streben nach größtmöglichem Glück geradezu als Leitmotiv von Sinnerfüllung propagiert. Von einer bestimmten Psychologie ermutigt, meinte man, mit allen Mitteln und unter allen Umständen »Lustgewinn« und »Lusterfolge« erzielen zu müssen. Diese vermeintlichen Leuchttürme der Orientierung, die auch den Weg der Erziehung erhellen sollten, haben sich (schon nach kurzer Zeit) als verhängnisvolle Irrlichter erwiesen. Eine Erziehung, die dem Menschen das Ziel setzt, »sich als lustsuchendes Wesen genießen zu lernen« (Chr. Meves), macht lebensuntüchtig und gemeinschaftsunfähig.

Daß ein erfülltes Leben mehr umfaßt als nur eine banale Glückseligkeit, ist inzwischen auch die Erkenntnis eines Teils der gegenwärtigen Psychologie geworden. Im Gegensatz zur Psychoanalyse, die gerade den Willen zur Lust geltend macht, sieht Viktor E. Frankl im »Willen zum Sinn« die zentrale Kraft des Menschen. Dieser – so seine Grundüberzeugung – sei nicht triebdeterminiert, sondern sinnorientiert. Den eigentlichen Sinn des Lebens zu suchen und zu finden, sei dem Menschen als wichtigste Lebensaufgabe gestellt. Die von Frankl entwickelte Logotherapie mit ihrem Appell an den »Willen zum Sinn« und an das Gewissen zielt in der Praxis auf eine Art *»Erziehung zur Verantwortung«*.

Auf die brennende Frage, wie der »Sinn« des Lebens gefunden werde, antwortet Frankl:

»Zunächst sieht der Mensch einen Sinn darin, etwas zu tun oder zu schaffen. Darüber hinaus sieht er einen Sinn darin, etwas zu erleben, jemanden zu lieben; aber auch noch in einer hoffnungslosen Situation, der er hilflos gegenübersteht, sieht er unter Umständen einen Sinn. Worauf es ankommt, ist die Haltung und Einstellung, mit der er einem unvermeidlichen und unabänderlichen Schicksal begegnet. Erst die Haltung und Einstellung gestattet ihm, Zeugnis abzulegen von etwas, wessen der Mensch allein fähig ist: das Leiden auf der menschlichen Ebene als eine Leistung umzusetzen und umzugestalten.«[1]

Ganz im Sinne einer Erziehung zur Verantwortung wendet sich

---

[1] V.F. Frankl, zit. bei Karin Roßknecht, Erziehung zur Verantwortung, Lehrerbote 1980.

die Logotherapie gegen solche Zeiterscheinungen wie Einsamkeit, Lieblosigkeit, Hoffnungslosigkeit, Verzweiflung. Sie versteht sich als Hilfe zur Überwindung jener »unkontrollierbaren Todesursachen« (Depressionen), von denen viele Zeitgenossen gegeißelt werden. An die Stelle von Unvernunft, Unglaube und Hoffnungslosigkeit setzt die Logotherapie Vernunft, Glaube und Hoffnung. Anstatt der Sinnlosigkeit menschlichen Seins und dem Pessimismus sozusagen das Wort zu reden, ruft die Logotherapie auf zum Optimismus und zu einer positiven Lebensgestaltung. Die Fähigkeit dazu, es zu können, die Fähigkeit zur Selbsttranszendenz, sei im Menschen grundsätzlich angelegt. Alles komme darauf an, daß der Verpflichtungscharakter des Lebens wahrgenommen wird.

Auch Frankl, der zum Umfeld der Humanistischen Psychologie zählt, geht es letztlich um das *Überleben der Menschheit.* Die Chancen hierfür macht er abhängig von einem vernünftigen Zusammenleben aller Menschen, die guten Willens sind. Voraussetzung dazu sei aber, daß der heutige Mensch seine Austreibung aus dem Paradies nicht mehr als eine Strafe zu begreifen lernt. Sie bedeute vielmehr: eine Chance und den Auftrag zugleich, seine Freiheit und Selbstverantwortung voll wahrzunehmen. So stellt sich die Logotherapie mit ihrer Erziehung zur Verantwortung die anspruchsvolle Aufgabe, dem Menschen zur Entwicklung seiner in ihm wohnenden geistigen Kräfte (Potentialitäten) zu verhelfen. Im Klartext heißt das: den Menschen gut zu machen.

Ein Fortschreiben von religiösen Glaubenssätzen, wie sie dem konfessionellen Christentum eigen sind, lehnt Frankl ebenso ab wie ein dogmatisches Christentum. Auch verweist er die Annahme, daß es eine absolute Wahrheit geben könne, in den Bereich der Illusionen. Gefragt sei heute mehr denn je eine Religion der Tat im Sinne von Verwirklichung von mehr Menschlichkeit.

»Wollen Sie jemand dazu bringen, daß er an Gott glaubt, dann müssen Sie ihm Gott glaubhaft machen und vor allem müssen Sie selbst glaubwürdig wirken.«[1]

Weil der Mensch weder durch seine Umwelt noch durch seine Erbanlage endgültig festgelegt ist, so die Auffassung der Logotherapie, habe er die Möglichkeit, über sich selbst hinauszustreben (Selbsttranszendenz), d.h. zur Hingabe an eine Sache oder an eine Person.

---

1 Viktor F. Frankl, Der Unbewußte Gott, München 1989, S.106.

Immer häufiger wird heute die Sinnfrage in Zusammenhang mit der Kreativität des Menschen und mit seinem geistig Unbewußten gebracht. Da wird dann die Sinnfindung zur Sinngebung und damit zu einem schöpferischen Akt von Seiten des Menschen gemacht. Dadurch kommt der »Sinn« des Lebens weniger als etwas Verborgenes, das man aufspüren müßte, in den Blick. Im Gegenteil: Der »Sinn« des Lebens wird als etwas Schöpferisches erkannt, das der autonome Mensch aus sich selbst, seinem geistig Unbewußten hervorbringt. Heinz Ryborz schreibt:

»Kreativität ist nicht nur künstlerisches Schaffen, kreativ ist auch der Mensch, der seine Probleme auf eine neue Art löst. Kreativität ist ein Schaffen oder Entwickeln aus dem tiefen Grund der Persönlichkeit heraus. Dabei kann der Mensch seine Möglichkeiten ausschöpfen und zur Anwendung bringen. Lebenssinn besteht darin, menschliche Möglichkeiten zu verwirklichen; und so verhilft Kreativität dazu, dem Leben Sinn zu geben... Nur Kreativität ermöglicht es, aus der Vielfalt der Herausforderungen mit sinnvollen Lösungen zu reagieren.«[1]

Heinz Ryborz fordert daher den Zeitgenossen auf, durch Sinngebung sein Leben selbst in die Hand zu nehmen und seine (in jedem Menschen angelegte) Kreativität zu entwickeln. Was aber diesem Prozeß der Sinngebung im Wege steht, sei unsere Fremdbestimmung. Durch diese würden wir in Abhängigkeit von anderen Menschen und ihrer Meinung gebracht. Gerade der Erziehungsprozeß im herkömmlichen Sinn der Fremdbestimmung lasse Selbstbestimmung und Selbstführung kaum zu und mache Kreativität unmöglich. Ryborz beklagt:

»Das Kind wächst auf in einer Welt von Geboten und Verboten. Es kommt gar nicht dazu, seine natürliche Vitalität auszuleben. Es wird dazu erzogen, bei allem, was es tut oder denkt, stets Vater oder Mutter zu fragen... Die übliche Erziehung ist nicht nur repressiv, sondern sie fördert auch noch die durch verhängnisvolles Rivalitätsdenken geschürte eifersüchtige Konkurrenz.«[2]

Demgegenüber bestreitet der Theologe Gerhard Sauter in einer Veröffentlichung aus dem Jahre 1982 die heute gängige Erkenntnis, daß mit der Sinnfrage »die entscheidend religiöse Frage«[3] gestellt werde. Er schreibt:

---

[1] Heinz Ryborz, S. 29.
[2] Ryborz, S. 61.
[3] Gerhard Sauter, Was heißt: nach Sinn fragen?, München 1982.

»Je länger je mehr bin ich davon überzeugt, daß die Sinnfrage weit davon entfernt ist, die Frage nach Gott zu wecken, wie es seit Jahren hingestellt wird. Ich habe sie eher als eine Götzenfrage verstehen lernen müssen.«[1]

In seinem Buch »Was heißt: nach Sinn fragen?« hat G. Sauter überzeugend dargelegt, wie mit der Sinnfrage die Vermessenheit des heutigen Menschen zum Ausdruck kommt. Wir lesen dort:

»In ihrer Richtung sind zwar Auskünfte möglich, auch eindrucksvolle und faszinierende, die uns verleiten, Sinn zu setzen, statt uns gegebenem Sinn auszusetzen.«[2]

An Stelle der *Verantwortlichkeit vor Gott* zielt die Sinnfrage heute auf die *Selbstverantwortung des Menschen*, denn nicht außerhalb vom Menschen müsse der Sinn gesucht werden, er liege in ihm selbst.

Zweifellos: Durch die Beantwortung der Sinnfrage soll dem verunsicherten Zeitgenossen eine Hilfe angeboten werden. G. Sauter gibt uns jedoch zu bedenken:

»Die universal gestellte Sinnfrage führt zu totalen Antworten. (Aber) Gott zum Universalzusammenhang, zum Bedeutungsganzen, zum letzten ›Sinn‹ erhoben, ist ein Götze, in dem sich re-flektiert und bespiegelt, wer ihn hervorgebracht hat. Und dieser Götze wird zum Moloch, der seine Erzeuger durch die Ziele und Werte, die ihm beigelegt worden sind, verschlingt.«[3]

Richtig ist, daß in früheren Zeiten kaum vom Sinn des Lebens gesprochen wurde. Da war die Rede viel von Heil und Unheil, auch von Recht und Unrecht und ganz besonders von Vergebung und von Schuld. In der Tat: Vor die letzte Entscheidung gestellt, hat der Mensch zwischen zwei Möglichkeiten zu wählen: Entweder nimmt er den »Sinn« des Lebens als vorgegeben an und fragt nach Gottes Willen, nach dem »Guten, Vollkommenen und Wohlgefälligen« (Röm 12,2). Oder der Mensch lehnt einen vorgegebenen »Sinn« von vornherein ab und »erschafft« sich den »Sinn« seines Lebens kraft seiner Kreativität.

»Anders als der religiöse Sinn spricht die biblische Religion von Gott als dem Schöpfer, Richter und Retter. Dieses Reden ist

[1] Sauter, S. 7.
[2] Sauter, S. 167.
[3] Sauter, S. 163.

in der anscheinend allumfassenden Frage nach Gott als dem Grund von Sinn und Sein nicht unterzubringen.«[1]

Auf die grundsätzliche Unfähigkeit, den Sinn des Lebens ohne Offenbarung zu erkennen, weist die Bibel hin. Sie zeigt auch, daß wir im Hinblick auf die letzten Fragen (unsere Identität) erkenntnisblind sind. Wir sind auf Glauben, jene zentrale Kraft, mit der ein Letztsinn ergriffen oder geschaffen wird, angewiesen. Glauben nach den Zeugnissen der Bibel heißt: Sich in seiner Erkenntnisblindheit einem Führer anzuvertrauen, auf letzte Selbstbestimmung und Selbstführung zu verzichten. Eine solche neue Grundhaltung und Gesinnung ist dem Menschen von Natur aus nicht angeboren. Er kann sie aber durch den Glauben an Jesus Christus und durch die Bekehrung zu ihm gewinnen (Joh. 1,12).

9. Wenn das Verantwortungsbewußtsein zum Selbst-Gespräch wird

Um die Verantwortlichkeit für sich selbst und vor sich selbst geht es auch im »Neuen Denken«. Selbstverantwortlichkeit ist ein zentraler Begriff des »Neuen Bewußtseins«. Verantwortlich sein heißt, werten, entscheiden und moralisch handeln. Diese Verantwortlichkeit schließt mit ein, daß der Mensch auch bereit ist, für seine Handlungen voll einzustehen. Hier handelt es sich um die Bereitschaft, Rechenschaft abzulegen gegenüber einer maßgebenden autoritativen Instanz.

Nun verweist der Begriff der Verantwortlichkeit auf einen »Frage-Antwort-Dialog«, denn Verantwortlichkeit ist nicht nur eine solche *wofür,* sondern auch *vor wem.* Ist unser Gegenüber ein »lebendiges Du«, dann bedeutet das, daß wir ihm gegenüber verpflichtet sind und daß es das Recht hat, uns zur Rechenschaft zu ziehen.

Viel ist in der Humanistischen Psychologie die Rede vom Dialog, vom Gespräch mit sich selbst, von Sensibilisierung des Gewissens. Da werden als Gesprächspartner u.a. das Unterbewußtsein, die Tiefenperson, das andere Ich, das Gewissen und das Selbst benannt. Sicher handelt es sich beim sogenannten Selbst-Gespräch um einen »höchst merkwürdigen Sachverhalt«. Doch

[1] Sauter, S. 136.

der Dialog-Partner ist und bleibt allezeit das eigene Ich. Zu Recht stellt W. Tröger die Anfrage an die Selbst-Psychologie:

»Kann ich im Ernst mich selbst befragen, mit mir selbst einen Dialog führen?... Frage und Antwort kommen doch aus derselben Quelle... Und vor allem: Kann ich mir selber gegenüber unbestechlich sein?«

Gerade weil das eigene Ich sich selbst gegenüber nicht unbestechlich sein kann, liegt die Gefahr der Selbsttäuschung und Verfälschung sehr nahe. Wie kann man überhaupt auf einem so ungewissen Grund Verantwortung wahrnehmen?

»Es muß zumindest sehr problematisch sein, Entscheidungen mit möglicherweise weitreichenden Folgen einem Gespräch anzuvertrauen, für dessen Partner wir nicht einmal Namen haben, das in einem trotz aller Wissenschaft noch weitgehend unbekannten Gelände stattfindet und das daher ständig von Täuschung und Verwirrung bedroht ist.«[1]

Offensichtlich sieht man bei den Lehrern des »Neuen Bewußtseins« im Selbst nicht bloß ein »oberstes Aktivitäts- und Regelzentrum« (Lückert). Man geht vielmehr davon aus, daß das Selbst auch die oberste Instanz ist, vor der sich Entscheiden und Handeln zu verantworten habe. Das bedeutet dann, daß Werte und Normen letztlich durch die Vernunft und das Gefühl gesetzt werden, also durch das Ich. Auch legen Vernunft und Gefühl dem Gewissen seine letzte Verbindlichkeit auf, während sie doch nach biblischer Sicht »in den Gehorsam gegen Christus« (siehe 2. Kor 10,5) gestellt werden sollen.

Hinter der Rede von der Selbstverantwortlichkeit des Menschen verbirgt sich eine tiefe Selbsterfahrung, die das Lebensgefühl des heutigen Menschen weithin bestimmt. Es ist die Selbsterfahrung »ursprünglich zukommender Macht, sein Leben selbst in die Hand nehmen zu können, seine umfassenden Lebensinteressen eigenständig vertreten und verwirklichen zu dürfen, seine Selbstgesetzgebungsgewalt als höchste Norm menschlicher Selbständigkeit verstehen zu wollen«[2]. Diese Selbsterfahrung zeichnet sich dadurch aus, daß sie frei ist von religiös-dogmatischer Bevormundung, daß sie niemandem etwas schuldet oder zu verdanken hat. Mit dieser Selbsterfahrung verbindet sich die Überzeugung, daß man das Gute schon deshalb tut, weil es vernünftig ist. Dabei

---

[1] Walter Tröger, in: Beratungsaufgaben der Schule, München 1989, S. 33.

[2] Gerhard Mertens, Umwelterziehung, Paderborn 1989, S. 85.

vertraut man auf die im Organismus angelegten Selbststeuerungs- und Selbstheilungskräfte, übersieht jedoch, daß im Organismus nicht nur die Kraft des Guten angelegt ist.

Wenn neuerdings wieder verstärkt die Rede vom Gewissen ist als einer »Zentralinstanz« zur Normierung unseres Wertens, Entscheidens und Handelns, dann kann das nicht darüber hinwegtäuschen, daß die Begriffe Freiheit und Gewissen im heutigen Bewußtsein annähernd identisch geworden sind.

Die Auffassung, daß Verantwortung für mich selbst auch *Verantwortung vor mir selbst* bedeutet, ist zwar zeitgemäß, aber dennoch problematisch, ja wenn nicht irreführend. Das gilt auch dann noch, wenn man den sozialen Aspekt der Verantwortung (Mitmenschlichkeit) mit einbezieht. Denn immer, wenn die Selbstprüfung vor dem Selbst als letzter Instanz geschieht, kommt man bei einer solchen Art von Dialog über das Selbst-Gespräch nicht hinaus. Noch mehr! Selbst-Verantwortung als Selbstgespräch ist der Versuch, sich der Verantwortung in der Begegnung mit Gott als einem lebendigen Du zu entziehen.

In der wichtigsten Frage menschlichen Seins, in der Frage nach der Verantwortlichkeit, geht es darum, ob der Gott der Bibel *»die Urmacht«* (K. Heim) unseres Lebens sein darf, mit der wir es letztlich und allein zu tun haben, oder ob wir von uns aus in Eigenmächtigkeit einen andern letzten Grund für unser Werten, Entscheiden und Handeln gesetzt haben. Es ist schon ein Glaubensschritt nötig, wenn sich Menschen dazu bereit finden, auf ihr letztes Selbstbestimmungsrecht zu verzichten und ihr Leben in die Hand und unter die Führung eines andern (Gott oder Abgott) zu legen.

VIII. Die Herausforderung der christlichen Erziehung durch die neue Spiritualität

Ulrich Skambraks spricht von einem »Mehrpunkteprogramm«, das für die Bewegung des »Neuen Bewußtseins« maßgeblich ist:

»Gott wird als eine... alles durchdringende Schöpferkraft angenommen.

Alle Menschen tragen diese göttliche Schöpferkraft in sich. Erlösung ist... ein Sichöffnen der alles durchdringenden Schöpferkraft.

Das Böse ist der Zustand des Nicht-erleuchtet--Seins.«[1]

Dieses »Mehrpunkteprogramm« als Grundlage einer Erziehung im Zeichen neuer Spiritualität führt unausweichlich in die Konfrontation mit dem ersten Gebot: »Ich bin der Herr, dein Gott, du sollst keine andern Götter neben mir haben.«

Das erste Gebot warnt uns vor den Abgöttern, vor einem verkehrten Suchen nach einem Halt für unser Leben (Lebenssinn!). Es warnt uns vor dem Vertrauen auf ein geistiges Potential, das im Menschen liegen soll, vor dem Vertrauen auf die »Kraft des Guten im Menschen«.

Unsere Vorfahren haben sich Götter aus Holz oder Steinen gemacht und diese angebetet. Wir Heutigen beten andere Götter an, die nicht so leicht auszumachen sind. Der wohl schlimmste Götze unserer Zeit, der sich noch in ein frommes Gewand zu verhüllen versteht, ist das zum Selbst erhöhte Ich des Menschen.

Ohne Glauben, ohne Vertrauen, ohne letzten Sinn des Lebens kann der Mensch anscheinend nicht leben. Schöpfungsmäßig ist er vielmehr auf Glauben und Hoffen angelegt. Er braucht geradezu einen Gott, der – wie sich die Väter ausdrückten – die Ewigkeit im Herzen auszufüllen vermag.

Doch die selbstgeschaffenen Götter der Menschen sind außerstande, für immer zu beglücken, noch können sie wahrhaft helfen. Gibt man sich ihnen einmal hin, so kommt man in ihren Bann, man verliert mehr und mehr seine persönliche Freiheit.

---

[1] Ulrich Skambraks, Vorsicht Geistheilung, Asslar 1987, S. 86.

Immerhin haben unsere Vorfahren noch etwas davon gewußt, daß es über dem Menschen noch ein höheres Wesen und eine höhere Macht gibt, von der wir Menschen abhängig sind, die uns Grenzen setzt. Sie haben Gott gefürchtet oder ihre Götter.

Doch der moderne Mensch kennt diese Abhängigkeiten nicht mehr. Ihm ist die letzte von Gott gesetzte Grenze verloren gegangen. Nur deshalb ist er fähig, den totalen Anspruch auf seine Selbstbestimmung und Selbstbehauptung zu erheben: wie Gott zu sein. Nicht genug: Er rühmt sich auch seiner schöpferischen Vollmacht, die er sich einbildet und an die er glaubt. Das ist seine eigentliche Sünde!

Das moderne Selbstentfaltungskonzept verträgt sich nicht mit den Vorstellungen über christliche Erziehung. Auch steht es im Widerspruch zu dem, was unsere Wirklichkeit ausmacht. E.E. Geißler schreibt:

»Die Selbstbestimmungstheoretiker übersteigern Selbständigkeit zur absoluten Unabhängigkeit und geraten dadurch in die Kalamität, die Gesellschaft zu einem repressiven Widerpart individueller Freiheit erklären zu müssen, eine Schwierigkeit, der sie nur dadurch ausweichen können, daß sie alle Hoffnung auf eine zukünftige, dann angeblich vollkommene Gesellschaft setzen, in der es keine Repression mehr geben soll.«[1]

Die von der neuen Spiritualität propagierte Lebensphilosophie setzt sich für die Befreiung von jeder Art von Fremdbestimmung ein. Sie sieht in der herkömmlichen Erziehung und insbesondere in der christlichen einen Angriff auf die Freiheit des Menschen. Ihr Ziel ist es, alle Begrenzungen, weil sie Einengungen für den potenten Schöpfergott Mensch bedeuten, wegzuräumen.

Es gilt für uns Christen, diese verführerische Lebensphilosophie zu durchschauen und sie als Fehlsteuerung unseres Lebens zu erkennen. Jesus Christus hat die Menschen gerade vor dieser schlimmsten Verführung gewarnt. Immer wieder hat er sie neu zum Glauben an seine Person und zum Gehorsam in der Nachfolge gerufen.

Jesus setzt gegen die Ichwichtigkeit und Ichsüchtigkeit, die Unglaube sind, seine Worte: »Glaubt an Gott und glaubt an mich!« (Joh 14,1).

---

[1] Vgl. Erich E. Geißlers Kritik an der verbreiteten Selbstentfaltungsideologie in: Allgemeine Didaktik – Grundlegung eines erziehenden Unterrichts, Stuttgart 1981.

»Christlicher Glaube, das ist Gottvertrauen, Zuversicht, Hingabe, herzliche Zuwendung, persönliche Bindung an Gott und an Christus... Christlicher Glaube, das ist die Aufnahme des Auferstandenen mit seinem Heilshandeln... Christlicher Glaube, das ist das Empfangen des Heiligen Geistes, der das Denken und Handeln des Menschen bestimmt.«[1]

Das *Grundübel* unserer menschlichen Existenz ist *die Selbstsucht.* Zur Verteidigung seines Ich-Lebens hat der Mensch – wie es der Evangelist Fritz Binde treffend zum Ausdruck brachte – drei Bollwerke errichtet. Diese sind: Die »Selbstklugheit im Kopf«, die »Selbstgerechtigkeit im Herzen« und das »Selbstkönnen im Arm«. Aber nicht die Verherrlichung unseres Ichs ist der Sinn und das Ziel unseres Lebens. Christen leben nicht zuerst sich selbst, sondern zur Ehre Gottes. Weil sie unter der Herrschaft Jesu Christi stehen und zum Reich Gottes gehören, fragen sie zuerst nach dem *Willen Gottes.* Jesus hält dem Programm zur Selbstverwirklichung und Selbstverherrlichung des Menschen seinen Ruf zur Selbstverleugnung und Nachfolge entgegen. Damit setzt er unserem Leben ein neues Ziel und verheißt uns eine neue Identität. Nicht der selbstverwirklichte Mensch ist der neue, »zu jedem guten Werk geschickte« (2. Tim 3,17) Mensch, sondern der an Jesus Christus glaubende, der auf seine Selbstvervollkommnung verzichtet. »Denn Selbstbestimmung heißt nicht, sich frei machen von ethischen Wertvorstellungen, sondern Ausrichtung des Selbst auf der Grundlage eines Wertsystems und kritisches Handeln im Sinne dieser Wertvorstellungen.«[2]

Zugegeben: Die Forderung nach Selbstverleugnung ist in heutiger Zeit provozierend. Sie paßt in keiner Weise in das »Selbstkonzept« des modernen Menschen. Auch läuft sie seinem Selbstverständnis stracks entgegen. Selbstverleugnung meint nicht weniger, als daß wir Jesus an Stelle von unserem Ich den ersten Platz in unserem Herzen und in unserem Leben einräumen, daß wir Ihn unseren Herrn sein lassen. Das heißt, daß wir bereit werden, auf die Durchsetzung unseres Eigensinns und Eigenwillens zu verzichten, um dem Willen Gottes in unserem Leben Raum zu geben. Genau in diesem Sinne konnte Hermann Bezzel den Entschluß,

---

[1] Ernst Lerle, Moderne Theologie unter der Lupe, Neuhausen-Stuttgart 1988, S. 102.

[2] Theo Dietrich, Zeit- und Grundfragen der Pädagogik, Bad Heilbrunn 1984, S. 68.

ganz in der Abhängigkeit von Gott zu leben, als das höchste Glück des Menschen bezeichnen.

Jesus läßt niemand im unklaren darüber, welches die Bedingung zur Nachfolge ist. Was er einst dem reichen Jüngling gegenüber sagte, ist heute so aktuell wie damals. Wer Jesus nachfolgen möchte, muß alles andere »hassen«, d.h. vom ersten Platz auf den zweiten verweisen. Das gilt insbesondere für unser Ich, das so leicht zum Götzen werden kann.

Selbstverleugnung beginnt damit, daß wir unsere Kraftlosigkeit im Wollen und Tun des Guten erkennen – und mit dieser Not zu Jesus kommen. So steht am Anfang unserer Selbstverleugnung die Buße, die Umkehr zu Jesus Christus. Buße besteht immer in einer Abwendung von uns selbst und in der Hinwendung zu Christus, der uns von Gott »zur Weisheit, zur Gerechtigkeit, zur Heiligung und zur Erlösung« (1. Kor 1,30) gegeben ist.

Um uns aus den Fängen und Zwängen der Selbstverwirklichungs-Philosophie zu lösen, ist zuerst eine Umkehr des Denkens nötig. Wir müssen allen selbstischen, eigensüchtigen Gedanken, Wünschen und Strebungen absagen. Die Buße bedeutet unser Nein zu einem verkehrten Lebensweg, der am Ziel unseres Lebens vorbeiführt, unser Nein zu einem Leben, bei dem wir das Ich zum Mittelpunkt gemacht haben und das Bekennen dieser Schuld vor Gott.

»Unser Problem liegt nicht darin, daß wir Ich – wir selbst, eine Persönlichkeit – sind, sondern allein darin, daß wir es ohne und gegen das Du und außerhalb des Wir sein wollen.«[1]

Die Vordenker des »Neuen Bewußtseins« haben recht mit der Behauptung, daß sich die Menschheit an einem Wendepunkt befindet. Doch der von ihnen propagierte Glaube an den Menschen und die zahlreichen Selbsthilfeprogramme erweisen sich als Irrwege zu einem neuen Aufbruch. Das Grundübel in der Welt, der mit sich selbst entzweite und in Rebellion gegen Gott lebende Mensch, wird auch durch eine ökologisch reflektierte Erziehung mit neuen Perspektiven nicht anders.

»Ohne Gott fehlt der wahre Lebensinhalt, so toll man sich bemüht, das Leben mit eitlen Scheinwerten auszufüllen, und ohne das Reich Gottes und die Ewigkeit fehlt das wirkliche Lebensziel, so viel nichtige, unerreichbare, zum Teil wahnsinnige Ziele die

---

[1] Hans-Joachim Eckstein, Erfreuliche Nachricht – traurige Hörer, Neuhausen-Stuttgart 1986, S. 69.

Menschheit des Unglaubens sich selber setzt, und es fehlt der tatsächliche Lebens*sinn* und *-zweck*, trotz aller Lebensideale, die der Teufel dem Menschen und der Mensch sich selber eine Zeitlang vormacht.«[1]

Schon zu seiner Zeit hatte es Hermann Bezzel klar erkannt:

»Sie rufen dir zu: Entwickle deine Fähigkeiten, frei von allem Dogma und frei von der Lehre der Kirche! Und ich sage dir: „Alle Pflanzungen, die der himmlische Vater nicht pflanzte (Mt 15,13), sind wurzelkrank, sind im Keime schon erstorben, und nach kurzer Zeit welken sie und fallen ab.“«

---

[1] Jakob Landes, Erfüllte Prophetie in der Geschichte, Metzingen 1982, S. 100.